DER KLEINE YOGI®

Glücks Geschichten

FÜR ALLE KINDER
UND INNEREN KINDER
DIESER ERDE.

LENA RAUBAUM & BARBARA LIERA SCHAUER

DER KLEINE YOGI®

Glücks Geschichten

INSPIRATIONEN MIT ÜBUNGEN
FÜR GROSS UND KLEIN

KÖNIGSFURT URANIA

Bibliographische Information der Deutschen Nationalbibliothek
Die Deutsche Nationalbibliothek verzeichnet diese Publikation in der Deutschen Nationalbibliographie; detaillierte bibliographische Daten sind im Internet über http://dnb.d-nb.de abrufbar.

Originalausgabe
3. Auflage 2024

Königsfurt-Urania Verlag GmbH, Ringstr. 32, D-24103 Kiel
www.koenigsfurt-urania.com

Umschlaggestaltung: Antje Betken unter Verwendung von Illustrationen von Barbara Liera Schauer
Buchillustrationen: Barbara Liera Schauer
Projektmanagement & Lektorat: Dr. Jennifer Lorenzen-Peth
Satz und Layout: Antje Betken
Buchproduktion: Finidr s.r.o

Printed in EU
ISBN 978-3-86826-196-7

FSC www.fsc.org
MIX
Papier aus verantwortungsvollen Quellen
FSC® C014138

INHALT

ÜBERSICHT ÜBUNGEN & ANREGUNGEN

MEDITATIONEN

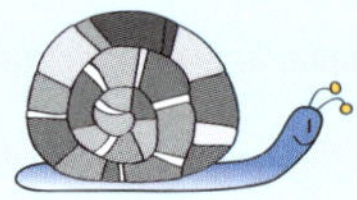

YOGAÜBUNGEN

KREATIVE IDEEN

ACHTSAMKEITS-IMPULSE

EINLEITUNG

DÜRFEN WIR VORSTELLEN? DAS IST DER KLEINE YOGI!

Falls du den kleinen Yogi schon kennst – wunderbar! Falls nicht, dann wollen wir dir kurz etwas über ihn erzählen.

Weißt du, der kleine Yogi liebt es, so manche Lebensweisheit mit Leichtigkeit zu verfeinern und dir ein Schmunzeln auf dein Gesicht zu zaubern – egal, ob du klein, groß oder mittelgroß bist. Egal, ob Yoga ein Teil deines Lebens ist, oder nicht. Er möchte dich mit seinen entzückenden Bildern und Texten erinnern: an das Kind in dir und an die innere Weisheit, die in dir – in uns allen – steckt.

Darüber hinaus will er dir das Vertrauen schenken, dass du genauso, wie du bist, ganz wichtig und richtig für diese Welt bist.

Und dir zeigen, dass es manchmal nur ein wenig mehr Achtsamkeit bedarf, um wirklich glücklich zu leben.

ÜBER DIE GLÜCKSGESCHICHTEN VON UND MIT DEM KLEINEN YOGI

Wir – Barbara Liera Schauer, die Illustratorin vom kleinen Yogi, und die Autorin Lena Raubaum – haben uns zusammengetan und gemeinsam diese Glücksgeschichten gestaltet, die du nun in deinen Händen hältst.

Es ist uns ein großes Anliegen, Geschichten zu erzählen und Illustrationen zu erschaffen, die einfach guttun. Die Körper, Kopf und Gemüt bereichern – und das verfeinert mit einer großen Prise Humor. Und die die unterschiedlichen Aspekte rund um das Thema „Glück" mit beflügelnder Leichtigkeit und gleichzeitiger Tiefe beleuchten. Denn Glück, das kann so vieles sein …

Zu jeder Glücksgeschichte gibt es passende Inspirationen in Form von direkt umsetzbaren Yogaübungen, Meditationen, Achtsamkeitsübungen, kreativen Ideen oder Gedankenanstößen. Diese sind Anregungen, welche die jeweilige Botschaft der Geschichte vertiefen. Wenn du eine Geschichte gelesen hast, kannst du dich also anschließend von dem dazu passenden Impuls inspirieren lassen. Natürlich nur, wenn du willst! Jede Anregung ist eine Möglichkeit und keine Pflicht.

Wir wünschen dir mit diesem Buch nicht nur viel Freude, so manche Augenblicke des Schmunzelns sowie den einen oder anderen Aha-Moment. Wir wünschen dir auch, dass die Erzählungen wie bezaubernde Anstupser in deinem Alltag sind und dir vor allem eines schenken: jede Menge Glücksmomente.

FÜR WEN SIND DIESE GLÜCKSGESCHICHTEN GEDACHT?

Für Klein, Groß und Mittelgroß: Da der kleine Yogi Menschen jedes Alters begeistert, sind auch die vorliegenden Glücksgeschichten sowohl für Kinder als auch für Erwachsene und Jugendliche geeignet. Zum Selbstlesen, Vorlesen und gemeinsam Lesen, in der Familie, im Freundeskreis, als Zu-Bett-geh-Ritual, zu einem bestimmten Thema, das gerade „aufploppt", oder einfach als kleine Wohlfühleinheit.

Für Pädagog*innen und Menschen, die mit Kindern und Jugendlichen arbeiten: Die Glücksgeschichten können auch ganz wunderbar im Kindergarten, in der Kita oder in der Schule Einsatz finden. Manche der Impulse und (Yoga-)Übungen lassen sich auch leicht im pädagogischen Alltag umsetzen.

Für Yogalehrer*innen: Mit seinen Botschaften erreicht der kleine Yogi sehr stark die Herzen von Yogi*nis (aber natürlich nicht nur ☺) Darum sind die Glücksgeschichten auch ganz wunderbare Inspirationen für die eine oder andere Yogastunde! Zum Beispiel, um sie am Beginn oder zum Abschluss einer Yogastunde vorzulesen oder um eine der Erzählungen zum Schwerpunkt einer Yogaeinheit zu machen. Hier sind deiner Kreativität als Yogalehrer*in natürlich keine Grenzen gesetzt.

Für Seminarleiter*innen und Therapeut*innen: Wie gesagt: Der kleine Yogi erreicht nicht nur Yogi*nis! Darum eignen sich die Glücksgeschichten ebenso für deine Seminarstunden (z. B. im Bereich der Persönlichkeitsentwicklung), im Coaching oder auch im therapeutischen Bereich – je nachdem, in welchem Feld du tätig bist und wie du arbeitest.

WORAUF IST BEI DEN ÜBUNGEN & ANREGUNGEN ZU ACHTEN?

- **Nimm dir Zeit:** Jede Übung ist mit Zeitaufwand verbunden – mal mehr, mal weniger Zeit. Versuche, dich bewusst auf diese Zeit zu konzentrieren, um achtsam dem Impuls zu folgen beziehungsweise die Übung auszuführen.

- **Offene Leichtigkeit:** Sei offen dafür, dass alles mit Leichtigkeit geschehen darf, aber nicht MUSS. Sobald wir Leichtigkeit nämlich erzwingen wollen, wird sie eher zur Nicht-so-Leichtigkeit, und das tut ihr und vor allem dir ja auch nicht gut.

- **Unterschiedliche Zugänge:** Wir haben uns bewusst dafür entschieden, die Übungen variantenreich zu gestalten, um dir eine bunte Mischung aus Inspirationen für Körper, Geist, Gemüt, Kreativität und Alltag zu bieten. Es kann durchaus sein, dass dir hier ein Zugang mehr liegt als ein anderer.

Gleichzeitig wollen wir dich auch dazu anregen, dich auszuprobieren und vielleicht auch einen ganz neuen und für dich noch ungewohnten Impuls umzusetzen.

- **Apropos unterschiedlich:** Dieses Buch richtet sich an Menschen jedes Alters, gleichzeitig sind manche Impulse eher für Kinder (und innere Kinder), andere wiederum eher für jugendliche und erwachsene Naturen. Das war und ist uns wichtig, um auch hier alle Bedürfnisse anzusprechen und eine Offenheit zu bewahren, die auch dem kleinen Yogi sehr am Herzen liegt.

WORAUF IST SPEZIELL BEI DEN YOGA-, MEDITATIONS- UND ATEMÜBUNGEN ZU ACHTEN?

- Achte auf **bequeme Kleidung**, eine **entspannte Haltung** und einen guten, **rutschfesten Untergrund**, zum Beispiel eine Yoga- oder Übungsmatte. Übe bei den Yogapositionen **barfuß**, damit du besseren Halt hast, hab jedoch **ein Paar Socken** in der Nähe, damit deine Füße es bei der Entspannung warm haben. **Armbänder oder lange Ketten am besten ablegen**, damit sie dich beim Üben nicht stören.

- **Schalte ab – im wahrsten Sinne!** Dreh für die Zeit der Yoga-, Meditations- und Atemübungen dein Smartphone oder Handy auf lautlos und gönne auch sämtlichen ablenkenden Geräten wie Fernseher, Computer, Tablet usw. eine Auszeit.

- Wenn du starke körperliche Einschränkungen oder physische Beschwerden hast, halte bitte vorher **mit deiner Ärztin oder deinem Arzt Rücksprache**, welche Yogaübung wirklich gut für dich ist.

- Eine optimale Übungszeit für Bewegungs- und Ruheübungen ist ca. **eine Stunde nach der letzten Mahlzeit**, sodass der Magen nicht drückt und so manche Beugeübung nicht für Unwohlsein sorgt.

- **Nimm deinen Körper bewusst wahr und „höre" auf ihn** (Anstrengung ist in Ordnung, Schmerz ist tabu!). Führe jede Übung nur so durch, wie es sich für dich gut anfühlt. Wenn du auf deinen Körper achtest, spürst du deine momentane Grenze. Je öfter du die Übungen praktizierst, desto mehr erweitern sich deine Grenzen.

- Die meisten Yogaübungen sind **auch für Anfänger*innen** geeignet. Die anspruchsvolleren wirst du mit etwas Geduld und Ausdauer auch gut schaffen.

- Wenn es gilt, einen **Meditationssitz** einzunehmen, achte auf eine **bequeme und aufrechte Haltung** und darauf, dass dein Nacken in Verlängerung der Wirbelsäule ist. Das fördert die Durchblutung und wirkt sich positiv auf deinen Geist aus. Bitte nicht zum verkrampften Besenstiel werden – setz dich so hin, dass es angenehm für dich ist. Du kannst hierfür am Boden, auf einer Decke, auf deiner Yogamatte, auf einem Meditationskissen oder auch gerne auf einem Stuhl Platz nehmen. Wirf dir zum Meditieren am besten ein Tuch oder auch eine Decke über die Schultern oder zieh dich etwas wärmer an; bei längerem Sitzen sinkt die Körpertemperatur schnell ab.

- Die Atem-, Meditations- und Yogaübungen sind mit dem Atem verbunden, das heißt, die Bewegungen werden in Verbindung mit einer **bewussten Ein- und Ausatmung** durchgeführt. Schon bald wirst du spüren, wie intensiv und entspannend dies auf dich wirkt, auch wenn es zunächst ungewohnt sein kann. Achte darauf, dass du **immer durch die Nase ein- und ausatmest, möglichst tief in den Bauch**.

- Am Ende einiger Übungen kannst du in der **Stellung des Kindes (Balasana, s. u.) gut entspannen**:
  - Setz dich mit deinem Gesäß auf die Fersen und lege den Oberkörper auf deinen Oberschenkeln ab. Die Stirn liegt auf der Matte oder dem Boden auf.
  - Deine Schultern sind locker und entspannt. Wenn du willst, kannst du die Beine auch leicht öffnen.
  - Achte darauf, dass das Gesäß auf den Fersen bleibt, sonst lege ein kleines Kissen dazwischen.
  - Lege die Arme locker nach hinten Richtung Gesäß, die Handrücken am Boden.
  - Atme tief in den Bauch hinein, so dass du die Atembewegung sogar im unteren Rücken wahrnehmen kannst.
  - Bleib in etwa 3–5 Minuten in dieser Haltung oder solange, wie es für dich angenehm ist.

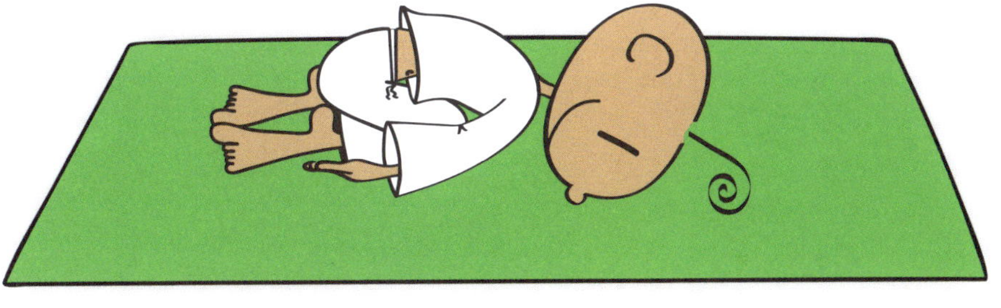

WAS IST GLÜCK?

ODER: GLÜCK – DAS KANN SO VIELES SEIN

Als der kleine Yogi eines Morgens in seine Meditation vertieft war, flog mit einem Mal eine Frage in seinen Kopf. Eine wichtige Frage, die da lautete: „Was ist eigentlich Glück?"

Der kleine Yogi dachte eine ganze Weile über eine Antwort nach, doch er konnte noch keine passende, vor allem nicht die eine Antwort finden. Also beschloss er, sich auf den Weg zu machen und andere zu fragen, was denn für sie „Glück" wäre. So sammelte der kleine Yogi im Lauf eines Tages jede Menge Antworten, die er sorgfältig in sein Notizbuch schrieb.

Für Lasse, das Rentier, war schnell klar, was Glück war. „Ein lustiger Abend mit Freunden und Freundinnen, an dem viel gelacht wird und es noch dazu köstlichstes Essen gibt", meinte er zum kleinen Yogi und lud ihn gleich für ein paar Tage später zum Abendessen ein.

„In Stille dazusitzen und mit dem eigenen Leben zufrieden zu sein", kam von der kleinen Yogini, und als ihr der kleine Yogi sagte, was Lasse zur Antwort gegeben hatte, lachte sie: „Da hat er recht. Das ist natürlich auch Glück!"

Für den Nachbarshund war es ein Glück, jemanden gefunden haben, der mit ihm spielte, und so warf ihm der kleine Yogi vergnügt ein paar Bälle. Die alte Eule beobachtete die beiden von ihrer Baumhöhle aus und bemerkte, dass es ein Glück wäre, sich bewegen zu können und dabei keine Schmerzen zu haben.

„Ja! Und es ist übrigens ein großes Glück, ein Dach über dem Kopf zu haben!", zwitscherte eine Schwalbenfamilie im Chor, wozu der kleine Yogi, der Nachbarshund und die Eule zustimmend nickten.

Schließlich setzte der kleine Yogi seinen Weg fort und erblickte am Wegesrand eine kleine Pusteblume: „Glück ist, wenn der Wind endlich weht!", rief sie und da kam dem kleinen Yogi eine Idee. Er holte tief Luft und half ihr mit kräftigem Gepuste, ihre zarten

Blütenschirmchen auf die Reise zu schicken. Die Pusteblume dankte ihm und fügte hinzu, dass es ein Glück wäre, schnell Hilfe zu bekommen, wenn man sie brauchte.

Mit fröhlichem Gemüt spazierte der kleine Yogi weiter und traf auf eine Igel-Familie, für die es ein Glück war, eine gesunde Kinderschar zu haben. „Außerdem ist es ein Glück, wenn sich keiner wehtut!", japste der Igel-Papa, der im selben Moment zwei seiner Igel-Kinder vom stichelnden Streiten abhielt. Auch die Worte der Igel-Familie notierte der kleine Yogi in seinem Buch und kam zum Fluss, wo er einen Biber traf.

„Glück ist, endlich etwas geschafft zu haben, an dem du schon lange arbeitest, und sich danach ein bisschen ausruhen zu können!", grinste dieser mit seinen großen Zähnen und zeigte dem kleinen Yogi stolz einen neu gebauten Damm.

Der kleine Yogi staunte und erzählte dem Biber von der Igel-Familie, die er zuvor getroffen hatte. Da hielt der Biber kurz inne, seufzte lächelnd und meinte: „Das stimmt. Teil einer Familie oder Gruppe zu sein, die dich gernhat, das ist ein großes Glück!"

„Wir wissen auch, was Glück ist", raunten die Bäume mitsamt ihren Blättern dem kleinen Yogi und dem Biber zu. „Frisches, klares Trinkwasser und saubere Luft!" Auch dazu nickte der Biber, der kleine Yogi schrieb es auf und ging weiter seines Weges.

Schon nach einiger Zeit fielen ihm zwei Schmetterlinge auf, die in aller Seligkeit gaukelten und umeinander tanzten. Auch ihnen stellte der kleine Yogi seine Frage und schüchtern kichernd bemerkten sie darauf: „Es ist ein Glück, zu lieben und geliebt zu werden!"

Zu guter Letzt traf der kleine Yogi auf eine Katzenmama, die gerade ihre Jungen säugte. Erschöpft blickte sie hoch und meinte nur: „Es ist ein Glück, wenn genug für alle da ist und wenn ich irgendwie irgendwann ein bisschen Zeit für mich habe!" Der kleine Yogi streichelte ihr vorsichtig und liebevoll über den Kopf, stimmte ihr zu und erzählte ihr von seiner Begegnung mit den Schmetterlingen. „Oh, da haben sie recht! Danke, dass du mir das erzählst", lächelte die Katzenmama und schleckte ihren Jungen liebevoll übers Fell.

Bald schon war das Notizbuch des kleinen Yogis voll. Müde und sehr zufrieden machte er sich auf den Heimweg, kochte sich eine Tasse Tee und setzte sich auf sein Meditationskissen, das von der untergehenden Abendsonne geküsst wurde.

Und als der da auf seinem Kissen saß, sprach der kleine Yogi zu sich selbst: „Glück ist, dass es im Leben so viel Glück gibt."

GLÜCKSMOMENTE IN EINEM GLÜCKSGLAS ....

Was du dafür brauchst

- Ein großes, verschließbares Glas
- kleine Zettel
- einen Stift
- große Lust, gaaaaaanz viele Glücksmomente zu sammeln

Eine besonders feine Art, Glücksmomente im Alltag zu sammeln, ist ein Glücksglas. Jedes Mal, wenn du etwas erlebst, das dich glücklich stimmt (und sei es noch so klein), schreibe es auf einen kleinen Zettel, falte diesen und lege ihn in das große Glas.
Du kannst zum Beispiel am Jahresende, an deinem Geburtstag, zu Weihnachten oder an einem von dir selbst ernannten „Glückstag" dieses Glas leeren und dich noch einmal an jeden einzelnen dieser Momente erinnern.

LIEBEVOLLE GEDANKEN FÜR ALLE

Der Morgen dämmerte, es war noch früh. Gerade als der kleine Yogi auf seinem Meditationskissen Platz nehmen wollte, läutete es an der Tür. Sein Freund, Lasse, das Rentier, stand draußen.

„Guten Morgen, kleiner Yogi!“, rief dieser vergnügt.

„Ja guten Morgen, Lasse. Wieso bist du denn schon so früh auf den Hufen?“, fragte der kleine Yogi.

„Naja, ich konnte einfach nicht mehr schlafen und da dachte ich, ich besuch dich, weil du doch sowieso ein Sehr-Frühaufsteher bist. Hast du Lust, dass wir gemeinsam einen Tee trinken oder etwas spielen oder so?“

„Gerne“, antwortete der kleine Yogi, „und wenn du willst, kannst du davor noch mit mir meditieren. Hast du Lust? Heute mach ich eine Metta-Meditation!“

„LAMETTA-Meditation?“, Lasse machte große Rentier-Augen. „Wie soll denn das gehen? Es ist doch noch gar nicht Weihnachten!“

Der kleine Yogi kicherte. „Nein, lieber Lasse. *METTA* – das ist ein Wort aus der Sprache Pali und heißt so viel wie *liebende Güte* oder auch *liebende Freundlichkeit*. Und dazu gibt's eine ganz feine Meditation, die wir jetzt gemeinsam machen können.“

Liebende Freundlichkeit – das klang gut für Lasse. In aller Ruhe nahmen die beiden eine bequeme Sitzhaltung ein, und gerade als der kleine Yogi meinte, dass Lasse sich einfach mal in aller Ruhe auf den Atem konzentrieren sollte, fiel dem Rentier ein, dass er vielleicht noch etwas trinken sollte. Lächelnd gab der kleine Yogi ihm ein Glas Wasser und wenig später begann der kleine Yogi zu erklären.

„Bei der Metta-Meditation gibt es fünf Schritte. Im ersten Schritt geht es darum, dass du dir selbst liebevolle Gedanken sagst oder zumindest einen liebevollen Gedanken aussprichst. Zum Beispiel: *Es möge mir gut gehen. Ich mag mich selbst.* Oder: *Ich bin zufrieden und entspannt.* Überlege einfach, was da für dich am besten passt."

„*Ich mag mich selbst* – das mag ich", bemerkte Lasse und schmunzelte mit geschlossenen Augen von einem Rentier-Ohr zum anderen.

Auch der kleine Yogi wählte einen Satz für sich und gemeinsam wiederholten sie ihre Worte für sich einige Zeit lang.

„Jetzt kommt der zweite Schritt, lieber Lasse", sagte der kleine Yogi, „jetzt stellst du dir jemanden vor, den du sehr magst und der dir sehr nahe ist. Stell dir denjenigen oder diejenige genau vor und …"

„Hab ich schon", unterbrach Lasse den kleinen Yogi, „die kleine Yogini!"

„Wunderbar. Stell dir die kleine Yogini vor und nun schick ihr liebevolle Gedanken oder auch gerne Worte wie *Ich wünsche dir, dass es dir gut geht und dass du gesund und zufrieden bist.*" Bei all den Gedanken voller Freundlichkeit wurden dem kleinen Yogi und Lasse ganz warm ums Herz.

Im dritten Schritt dachten der kleine Yogi und Lasse an jemanden, den sie eigentlich nicht wirklich kannten, dem sie aber ab und an begegneten. Jemanden, den sie weder besonders mochten oder nicht mochten.

„Ich nehm' den Grashüpfer, der mir ab und zu vor die Hufe springt. Vielleicht bekommt er Schluckauf, wenn ich an ihn denke und hüpft dann noch höher", kicherte Lasse.

„Wer weiß", kicherte der kleine Yogi, „und ich denke an die alte Dame, die ich ab und an im Fluss schwimmen sehe." So dachten die beiden und schickten weitere liebevolle Gedanken auf die Reise.

„So, Lasse: Im vierten Schritt denken wir jetzt an jemanden, den wir gar nicht mögen oder der uns alles andere als sympathisch ist", erklärte der kleine Yogi.

Lasse stutzte. „Wie bitte? Was bitte? Wirklich?"

„Ja, wirklich", erwiderte der kleine Yogi.

„Ich schick jemanden, den ich nicht mag, freundliche Worte?", fragte Lasse erneut.

Der kleine Yogi nickte und fügte hinzu, dass das einer der herausforderndsten Schritte der Metta-Meditation sei, da es wirklich darum ging, wohlwollend zu bleiben und keinen Ärger aufkommen zu lassen. Lasse schnaubte zunächst, doch siehe da: Mit jeder Wiederholung des Gedankens entspannte sich seine Rentier-Stirn mehr und mehr.

„Zum Schluss lassen wir unseren liebevollen Gedanken freien Lauf, lieber Lasse – zu all den Menschen, Wesen, Tiere und Pflanzen, die uns in den Sinn kommen. Und jedem und jeder Einzelnen sagen wir in Gedanken: *Es möge dir gut gehen* oder *Ich wünsche dir das Beste.*"

Und so schickten die beiden gedankliche Freundlichkeit in die Welt hinaus, während diese draußen – begleitet von Vogelgezwitscher – immer mehr erwachte.

Die Meditation endete mit einem gemeinsamen Om. Lasse öffnete zufrieden die Augen, sah den kleinen Yogi an und sagte: „Das hat mir gut gefallen. Ich danke dir, kleiner Yogi!"

„Ich danke dir auch, lieber Lasse", lachte der kleine Yogi und stand auf, um für sich und seinen Rentier-Freund Frühstück zu machen.

Hast auch du Lust, liebevolle Gedanken für alle zu verschicken? Hier findest du noch einmal alle Schritte der Metta-Meditation:

Vorbereitung

- Finde eine bequeme Sitzhaltung oder Meditationshaltung (s. S. 14) an einem Ort, an dem du ungestört bist.
- Schließe deine Augen und achte darauf, dass dein Rücken gerade ist.
- Konzentriere dich auf deine Atmung. Vertiefe deine Atmung, so wie es sich gut für dich anfühlt.
- Forme mit deinen Mundwinkeln ein Lächeln, so wie es angenehm für dich ist.

Eintauchen in die Metta-Meditation

- **Schritt 1:** Schick dir selbst liebevolle Worte und Gedanken – was auch immer dir dabei in den Sinn kommt. Erinnere dich an Momente des Glücks, der Zufriedenheit und Freude und überschütte dich selbst mit Wertschätzung, Freundlichkeit und allen guten Wünschen.
- **Schritt 2:** Schick jemandem, den du sehr magst, liebevolle Worte und Gedanken. Stell dir diesen Menschen ganz genau vor und überschütte ihn mit Wertschätzung, Freundlichkeit und allen guten Wünschen.

- **Schritt 3:** Schick einer neutralen Person liebevolle Worte und Gedanken – dem Verkäufer im Supermarkt, der Busfahrerin, einem Menschen, den du immer wieder auf dem Weg zur Arbeit siehst. Stell dir diesen Menschen ganz genau vor und überschütte auch ihn mit Wertschätzung, Freundlichkeit und allen guten Wünschen.
- **Schritt 4:** Schick jemandem, den du nicht so gern magst, liebevolle Worte und Gedanken. Dieser Teil hat es in sich, hat jedoch den größten Effekt, wenn er praktiziert wird. Stell dir diesen Menschen ganz genau vor und überschütte ihn mit Wertschätzung, Freundlichkeit und allen guten Wünschen.
- **Schritt 5:** Schicke nun jedem Wesen dieser Welt liebevolle Güte, Freundlichkeit und aufrichtige Wertschätzung. Mögen alle Wesen glücklich, gesund und zufrieden sein!

Atme zum Abschluss der Metta-Meditation ganz tief ein und aus, öffne deine Augen und spüre nach, was diese Übung mit dir gemacht hat und macht …

SEI EIN FROSCH!

(AUSSER, WENN DU EIN KLEINER YOGI SEIN KANNST, DANN SEI EIN KLEINER YOGI)

Eines sommerlichen Nachmittags war der kleine Yogi auf dem Weg zum Baden. Den ganzen Weg lang freute er sich schon auf das Schwimmen und das Plantschen und darauf, seine Lieblingsbadehose zu tragen.

Kurz bevor er den Badeteich erreichte, vernahm der kleine Yogi eine Stimme. Eine, die ihm bekannt vorkam, jedoch auch ein bisschen verärgert klang. Sie kam eindeutig aus dem Schilf.

„Wusst' ich's doch, dass du das bist!", rief der kleine Yogi, als er seinen Freund Frosch entdeckte, der zwischen dichten Schilfhalmen auf einem großen, runden Stein saß, seine Vorderbeine verschränkt hielt und missmutig vor sich hinbrabbelte.

„Tag, kleiner Yogi", gab Frosch von sich und zog verdrossen die Mundwinkel nach unten.

„Was hast du denn?", fragte der kleine Yogi.

„Ich bin entsetzt", antwortete Frosch und zog die Mundwinkel nur noch weiter nach unten.

„Darf ich fragen, warum?", hakte der kleine Yogi nach.

„Darfst du", meinte Frosch.

„Gut", sagte der kleine Yogi „warum bist du denn entsetzt?"

Frosch begann aufgebracht zu erzählen: „Weißt du, kleiner Yogi, vorhin kamen zwei Menschen zum Schwimmen an den Teich. Sie wollten vom Ufer ins Wasser springen und der eine Mensch, der hat sich erst nicht so richtig getraut. Und dann, dann hat der andere Mensch ihm doch glatt *Jetzt sei kein Frosch! Mach schon!* zugerufen. Das musst du dir mal vorstellen, kleiner Yogi!!! Als ob Frösche Angst davor hätten, ins Wasser zu springen. Als ob Frösche Angst davor hätten, irgendwohin zu springen! Als ob Frösche überhaupt Angst hätten! Wir können doch unglaublich gut und weit hüpfen! *Sei kein Frosch* – wie kann man denn nur so etwas sagen! Das ist doch eine Frechheit!"

„Ich verstehe, dass dich das kränkt!", meinte der kleine Yogi.

„Na und wie! Überhaupt ist mir schon aufgefallen, dass da noch ganz andere Sachen gesagt werden. *Dumme Gans* zum Beispiel oder *Blöde Kuh* oder gar *Angsthase*. Wem ist denn das eingefallen!? Gänse und Kühe sind sehr kluge Tiere, und wenn ich überlege, wie tapfer und mutig so manche Hasen sind, verstehe ich das nur noch weniger, wie Menschen von Angsthasen sprechen können."

„Da hast du recht", seufzte der kleine Yogi.

Frosch schnaufte tief durch und verstummte nach all der Aufregung für eine Weile.

Der kleine Yogi setzte sich neben ihn.

„Gibt es etwas, das ich tun oder sagen kann, damit du dich besser fühlst?", fragte er seinen froschigen Freund.

Dieser zuckte mit den Schultern, blickte vor sich hin und überlegte.

„Vielleicht ... vielleicht kannst du mir helfen, kleiner Yogi. Vielleicht könntest du zum Beispiel, wenn du hörst, dass jemand wieder *Sei kein Frosch* sagt, erzählen, dass wir ganz schön viel Mut haben. Denn weißt du, wenn ich etwas von mir gebe, verstehen viele Menschen einfach nur *Quak*."

„Das kann ich gerne machen. Und ich werde vor allem selbst in Zukunft darauf achten, dass ich achtsam bin, was ich über euch Tiere sage", meinte der kleine Yogi und lächelte.

Frosch lächelte, so breit wie sein Froschmund es zuließ, und dankte seinem Freund. Er fühlte sich besser, wesentlich besser.

„Weißt du was? Ich wollte eigentlich schwimmen gehen ... kommst du mit?", fragte der kleine Yogi und Frosch nickte.

„Super!", freute sich der kleine Yogi, „dann sei ein Frosch und spring mit mir ins Wasser!"

SEI AUCH DU EIN FROSCH

(natürlich ganz positiv betrachtet)

YOGAÜBUNG (DYNAMISCH): **Der Frosch**

- Komm auf Zehenspitzen in die Hocke, mit den Fersen zusammen. Die Fersen sind also vom Boden abgehoben.
- Platziere deine Fingerspitzen am Boden zwischen deinen Beinen, die Hüften und Leisten etwas mehr geöffnet und das Becken hängt mit dem gesamten Körpergewicht herunter. Der Blick geht nach vorne.
- Atme ein und strecke dein Gesäß in die Höhe. Wenn möglich, strecke die Knie durch oder lass sie leicht gebeugt. Die Fersen berühren einander immer noch und sind vom Boden entfernt. Die Hände bleiben auf dem Boden. Kopf und Nacken sind entspannt.
- Atme aus und komm zurück in die Hocke. Dein Gesicht zeigt nach vorne, Knie sind außerhalb deiner Arme, Fersen zusammen und vom Boden entfernt.
- Wiederhole die Übung 8 – 10 Mal und steigere die Wiederholungen so, wie es für dich angenehm ist.
- Entspanne danach in der Stellung des Kindes (s. S. 15)

Mögliche Wirkungen

- Macht dich selbstbewusst!
- Kräftigt Po und Beine
- Bringt dir Energie

ICH SÄE,

WAS ICH ERNTEN WILL

Wenn an Bäumen und Sträuchern zarte Knospen sprießen, die ersten Krokusse aus dem Boden blinzeln und die Luft nach einem neuen, frischen Frühling riecht, freut sich der kleine Yogi schon sehr darauf, seinen Garten aus dem Winterschlaf aufzuwecken. So auch an jenem Frühlingstag, an dem ihm etwas ganz Besonderes einfallen würde …

Nach einem stärkenden Frühstück zog er sich Handschuhe und Gartenkleidung an, setzte sich seinen Strohhut auf und machte sich an die Arbeit. Erst entfernte er das Laub, das er im letzten Herbst zum Schutz der Beete vor dem Schnee auf der Erde verteilt hatte, und bedankte sich bei den ledrigen Blättern für ihre behütende Arbeit. Danach lockerte er die Erde kräftig und aufmerksam durch. Er spürte förmlich, wie gut ihr das tat nach dem harten Frost, sich wieder so richtig frei und gelöst zu fühlen, und begrüßte auch so manche Regenwurmfamilie, die bei dieser erdigen Arbeit zum Vorschein kam. Als Nächstes galt es Bäume, Pflanzen und Büsche behutsam zurückzuschneiden und von ihren alten Trieben zu befreien, auf dass sie wachsen und gedeihen konnten.

Immer wieder atmete der kleine Yogi die Frühlingsstimmung ein, freute sich über all das, was er schon geschafft hatte, und spürte die Gartenarbeit in seinem Körper.

Nach einer kurzen Pause klopfte er auf Holz – nämlich bei der Höhle der alten Eule an, die in einem der Bäume im Garten des kleinen Yogis wohnte.

„Ja, bitte?", raunte diese mit verschlafenem Blick.

„Verzeihen Sie, Frau Eule, ich hätte eine Frage. Würde es Sie sehr in Ihrer Mittagsruhe stören, wenn ich jetzt den Rasen mähe?"

„Das ist sehr aufmerksam, dass du fragst, kleiner Yogi. Nein, nein, das stört mich ganz und gar …", gähnte sie und sprach den Satz nicht zu Ende. Ihre Eulenaugen schlossen sich und sie schlief sofort wieder ein.

So machte sich der kleine Yogi ans Rasenmähen, pfiff ein flottes Liedchen und verpasste den Grashalmen eine schnittige Kurzhaarfrisur. Danach kramte er aus dem kleinen Schuppen seine Gartenyogamatte hervor, legte sich zufrieden auf den Rücken und gönnte sich wie Frau Eule ein kleines Nickerchen.

Vogelgezwitscher und ein sanfte Frühlingslüftchen weckten ihn. Der kleine Yogi gähnte, reckte und streckte sich und meinte zu sich selbst: „So und nun gibt es nur noch eins zu tun: Kräuter- und Blumensamen säen!"

Aus dem Haus holte er ein paar farbenfröhliche Blumentöpfe, die er selbst bemalt hatte. Dazu noch ein paar Samen und kleine Schildchen, auf die er schreiben wollte, was wo wachsen und sprießen würde. Sorgfältig verteilte er in jedem der Töpfe frische Erde und die winzig kleinen Samenkörner, und als er schon ansetzen wollte, den ersten Kräuternamen auf eines der Schilder zu schreiben, stutzte er …

„Moment", dachte er bei sich, „wenn die Kräuter größer werden, erkenne ich sie doch sowieso. Dann könnte ich doch … jaaaaa!" Einfallsfreudengänsehaut überzog den kleinen Yogi, denn augenblicklich kam ihm eine ganz wunderbare Idee! Aufgeregt beschriftete er die Schilder und ließ eines davon leer. Danach steckte er die fertigen Schildchen in die Tontöpfe und wusste, dass er unbedingt seine Idee teilen wollte. Also klopfte er wieder auf Holz – bei der Baumhöhle der alten Frau Eule.

„Ja, bitte?!" Nicht mehr ganz so müde wie vorhin lugte diese langsam aus ihrer Höhle hervor.

„Frau Eule, Frau Eule! Schauen Sie, was ich für tolle Samen gesät habe!", jubelte der kleine Yogi und zeigte auf die Töpfe und die Schildchen. Auf diesen standen Wörter wie *Glück, Liebe, Freude, Mut* und *Vertrauen*. Frau Eule lächelte beseelt und war sehr, sehr angetan von dieser schönen Idee.

„Ein Schild habe ich noch, Frau Eule. Was würden denn Sie gerne anpflanzen?", fragte der kleine Yogi begeistert und die alte Eule überlegte.

„Gesundheit, kleiner Yogi. Ich möchte bitte Samen der Gesundheit säen!", sprach sie mit ihrer weisen Stimme, und schon machte sich der kleine Yogi daran, dieses wichtige Wort auf das letzte Schild zu schreiben.

Und als er schließlich all die bunt bemalten Tontöpfe mit Wasser versorgte, schmunzelte der kleine Yogi in sich hinein und erfreute sich an all den kostbaren Samen, die da wachsen und gedeihen würden.

SÄEN, WAS DU ERNTEN WILLST

Was du dafür brauchst:

- Einen oder gleich mehrere Blumentöpfe
- Kräuter- und Blumensamen deiner Wahl
- kleine Schilder
- Stifte zum Beschriften

Was willst du gerne säen, das wachsen und gedeihen darf? Liebe? Mut? Vertrauen? Glück? Gesundheit? Alles? ☺ Dann pflanze auch du gemeinsam mit Kräuter- oder Blumensamen all das an, was du in Zukunft (noch mehr) ernten willst.

ANLEITUNG ZUM GRUMMELIGSEIN

Es war an einem Sonntag. Da wachte der kleine Yogi auf und fühlte sich so richtig grummelig. Und anstatt nun zu überlegen, was er dagegen tun könnte, beschloss der kleine Yogi einfach, einen Grummeltag zu haben. Ja, er würde sein Bestes geben, den ganzen Tag grummelig zu sein und zu bleiben. Nichts und niemand würde ihn davon abhalten. Wie er dabei vorging?

Zunächst achtete er darauf, mit dem falschen Fuß aufzustehen. Das war allerdings gar nicht so leicht. Er wusste ja nicht, welcher denn nun eigentlich der richtige und welcher der falsche Fuß war. Darum entschied er, einfach mit beiden Füßen aufzustehen. Zur Sicherheit – damit auch ja der richtige falsche Fuß dabei gewesen sein konnte. Danach ließ er die Vorhänge in seinem Schlafzimmer geschlossen, um kein Tageslicht ins Zimmer zu lassen. Wäre ja nicht auszudenken gewesen, wenn ihn die Sonne mit ihrem Leuchten aus seinem Grummeligsein herausgeholt hätte!

Anschließend nahm der kleine Yogi eine Körperhaltung ein, die seine schlechte Laune unterstreichen würde. Hier achtete er darauf, keinesfalls gerade und aufgerichtet zu stehen, zu gehen oder zu laufen. „Du schaffst das", sagte er sich, „wird schon schiefgehen!" Seinen Blick senkte er Richtung Boden, Kopf und Schultern ließ er schlapp nach unten sinken. Die Mundwinkel zog er fußwärts, rümpfte die Nase und legte seine Stirn in Falten, dass Gebirgstäler neidisch hätten werden können.

„So, die Körperhaltung passt", dachte er, „jetzt fehlen nur noch miese-fiese Gedanken. Komm, kleiner Yogi, denk negativ!" Na, das war vielleicht eine Herausforderung! Sobald er nämlich zum Beispiel dachte: „Heute ist ein schlechter Tag", konnte er das einfach nicht glauben. So beschloss er, die schlechten Gedanken auf später zu verschieben, und stapfte in die Küche, um sich einen Frühstücksbrei zuzubereiten. Von draußen hörte er Vogelgezwitscher, lauschte jedoch bewusst nicht hin, damit sie ihm die schlechte Laune nicht verderben würden. Als der Haferbrei auf dem Herd blubberte, passierte es: Der kleine Yogi stimmte versehentlich ein Liedchen an! „Neiiiiin! Kein Singen beim Grummeligsein!", ermahnte er sich selbst und verstummte. So ein Glück! Da hatte er gerade noch sein Grummeligsein gerettet! So unzufrieden wie möglich füllte er den fertigen Brei in seine bunte Frühstücksschüssel und nahm damit

am Küchentisch Platz. Schmollmundig und rümpfnäsig löffelte er den Brei, der wunderbar-himmlisch-köstlich schmeckte. „Jetzt bloß nicht schwach werden!", sagte er zu sich. „Konzentrier dich. Bleib grummelig!"

Nach dem Frühstück wusch er so missmutig wie möglich das Geschirr und überlegte, wie er den weiteren Tag verbringen könnte. Spaziergang an der frischen Luft? Keine gute Idee. Auch Musikhören, Lesen, Spielen oder Zeichnen würde er sein lassen. Natürlich hätte er weiterhin daran arbeiten können, negativ zu denken, doch da klingelte es plötzlich an der Tür. Er öffnete und da stand die kleine Yogini.

„Hallo, kleiner Yogi!", begrüßte sie ihn mit viel Freude in der Stimme.

„Hallo, kleine Yogini!", grummelte der kleine Yogi.

„Was ist denn mit dir los?" Die kleine Yogini legte den Kopf schief, sah ihn fragend an.

„Ich bin grummelig", antwortete der kleine Yogi und legte seine Stirn noch viel mehr als vorher in Falten. „Ich bin heute grummelig aufgewacht und habe beschlossen, gleich einen Grummeltag zu verbringen."

„Soso", meinte die kleine Yogini, „und wie ist das so?"

„Um ehrlich zu sein … ganz schön anstrengend!", antwortete er. „Stell dich mal so hin wie ich, dann wirst du's schon sehen." Die kleine Yogini nahm eine Grummelhaltung ein und bemerkte, wie anstrengend das war. „Das ist aber noch nicht alles! Jetzt musst du noch dreinschauen wie Sieben-Tage-Regenwetter." Der kleine Yogi machte es ihr vor, und als die kleine Yogini das Gesicht verzog, hätte sie den kleinen Yogi fast – aber nur fast – zum Lachen gebracht.

„Wir sollten davon unbedingt ein Foto machen. Was meinst du?", schlug die kleine Yogini vor. Beinahe hätte der kleine Yogi: „Gute Idee!" gesagt. Damit es mürrischer klang, antwortete er jedoch nur: „Von mir aus!" und schlurfte los, um den Fotoapparat zu holen.

Schließlich waren die beiden bereit fürs Foto, blickten in die Kamera und die kleine Yogini sagte mit mürrischer Stimme: „Bitte nicht lächeln!"

Tja und da war's vorbei. Der kleine Yogi konnte sich nicht mehr halten, prustete los und die kleine Yogini stimmte ein. So lachten, lachten und lachten sie wie zwei Kichererbsen, bis ihnen die Bäuche wehtaten.

„Oh nein! Was wird denn jetzt aus deinem Grummeltag?", kicherte die kleine Yogini und wischte sich dabei Lachtränen aus den Augen.

„Den, ach, den muss ich jetzt wohl verschieben!", meinte der kleine Yogi und grinste von Ohr zu Ohr.

GRUMMELIG SEIN – UND WAS DA HELFEN KANN

Niemand, aber auch wirklich niemand kann tagtäglich und stundenstündlich gut gelaunt und überglücklich sein oder beglückt wie ein hochmotiviertes Karussellpferd durch die Gegend grinsen. Selbst wenn du gaaaaaaanz viel Yoga übst, täglich meditierst, du alle Geschichten in diesem Buch gelesen, alle Impulse dazu umgesetzt hast und „Glück" bereits dein zweiter Vorname ist – es wird Tage geben, da wirst du dich grummelig oder unrund fühlen. Ist so.

Nun ist schlechte Laune nicht gleich schlechte Laune. Sie kann aus ganz unterschiedlichen Gründen in unser Leben treten – meist, weil unseren Körper und/oder unseren Kopf etwas gerade stört, sei es Schlafmangel, Schmerzen, Stress, störende Gedanken oder dergleichen.

Hier sind fünf Tipps, die an Grummeltagen helfen können:

- Sei grummelig! So wie der kleine Yogi in der Geschichte. Akzeptiere deinen Zustand, wie er ist, und erlaube dir, voll und ganz in deiner schlechten Laune zu baden. Meist ändert sich unser Zustand schon allein dadurch, dass wir nicht glauben, dass er anders sein müsste, sondern ihn einfach annehmen. Wenn du schreien, fluchen oder weinen willst, dann tu das – lass nur bitte deine miese Laune nicht an anderen aus!

- Geh deiner schlechten Laune auf den Grund, vielleicht sogar schriftlich. Was nervt dich gerade? Was verschafft dir Unmut? Was erzeugt Stress? Schreib es dir von der Seele.
- Beweg dich – am besten an der frischen Luft! Mach 20 Hampelmänner. Geh spazieren. Geh joggen. Dreh eine Runde mit dem Fahrrad. Wenn du gerade nicht rausgehen kannst, mach ein paar Liegestütze, deine Lieblingsyogaübung oder tanze zu deiner Lieblingsmusik.
- Sprich dich aus! Ruf jemanden an, der*die gut zuhören kann, und teil dich mit. Erzähle, was dich beschäftigt – das kann oft schon dabei helfen, den Kopf zu sortieren.
- Hol dir dein Glücksglas (➔ siehe kreative Idee nach der ersten Geschichte in diesem Buch) und führe dir all die schönen Momente vor Augen, die du aufgeschrieben hast.

FOKUS AUF DAS GUTE – ODER:

WENN WIR DAS GUTE SEHEN, WIRD ES UNS BESSER GEHEN

Bei einem seiner täglichen Wege traf der kleine Yogi eines Tages seinen Freund Biber, der gerade wieder einen Damm fertiggestellt hatte.

„Du meine Güte, lieber Biber. Der ist ja phänomenal geworden!", lobte der kleine Yogi.

„Meinst du wirklich?“, fragte der Biber, kratzte sich am Kopf und betrachtete prüfend sein Werk.

„Ja, gewiss doch“, versicherte ihm der kleine Yogi und bemerkte, dass der Biber trotzdem etwas unzufrieden wirkte.

„Weißt du … ich … ach Quatsch, ja du hast recht“, sagte der Biber, aber wirklich überzeugt davon schien er nicht.

„Stört dich etwas daran?“, hakte der kleine Yogi nach und legte den Kopf schief.

„Ja … also … nein … also … naja, etwas stört mich schon daran. Siehst du diese beiden Zweige da? Die stehen irgendwie seltsam hervor. Die liegen nicht so perfekt wie alle anderen, und das wurmt mich jetzt schon sehr. Ich glaube, ich fange noch einmal von vorne an.“

Jetzt fielen die Zweige auch dem kleinen Yogi auf. Zuvor hatte er es gar nicht gesehen. Tatsächlich: Diese waren wirklich etwas schief im Damm platziert.

Da kam dem kleinen Yogi ein Gedanke. „Weißt du was? Das erinnert mich an die Geschichte von dem Mönch Ajahn Brahm. Darf ich sie dir erzählen, bevor du beginnst, den Damm noch einmal zu bauen?“

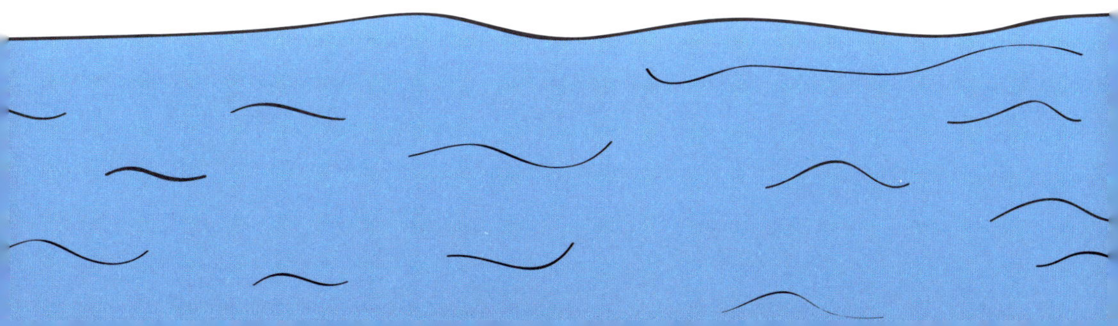

„Nichts Biber als das“, grinste sein Freund, und dabei blitzten wie eh und je seine hübschen Biberzähne hervor. Er lauschte so gerne, wenn der kleine Yogi Geschichten erzählte, und machte es sich zum Zuhören bequem.

„Die Geschichte geht in etwa so: Der Mönch Ajahn Brahm lebte lange Zeit in einem Kloster, und in diesem wurde ihm einmal aufgetragen, eine Mauer aus Backsteinen zu bauen. Das tat er auch, nur war das gar nicht so leicht wie gedacht.“

„Jaja“, nickte der Biber verständnisvoll, „Steine sind noch einmal ein ganz anderes Material als Holz. Vor allem, wenn man mit so etwas wie Mörtel arbeiten muss. Das habe ich mal bei Menschen beobachtet. Weil weißt du bei Steinen, das ist es so, dass ...“ Da unterbrach sich der tierische Baumeister selbst und bat den kleinen Yogi, einfach weiterzuerzählen.

„Na jedenfalls war das gar nicht so leicht wie gedacht, und als er schließlich damit fertig war, betrachtete Ajahn Brahm sein Werk. Die Mauer war aus rund 1 000 Steinen gefertigt und zwei Steine davon saßen ganz schief in der Mauer!“

„Oh nein!“, schrie der Biber auf und hielt sich mit seinen Pfoten die Augen zu.

„Ganz recht. Das dachte auch Ajahn Brahm. Er fand sein Werk ganz grauenvoll und jedes Mal, wenn er fortan Besucherinnen und Besucher durch das Kloster führte, wählte er stets die Wege so, dass sie auf keinen Fall seine Mauer zu Gesicht bekommen sollten. Einige Monate später jedoch kam ein Gast, der ganz begeistert von der Steinmauer war und sie unendlich bewunderte. Da fragte ihn Ajahn Brahm, ob er vielleicht seine Brille vergessen hätte und ob ihm denn die zwei mangelhaften Backsteine gar nicht aufgefallen waren. Und weißt du, mein lieber Biber, was der Gast darauf geantwortet hat?“

Der Biber zuckte mit den Schultern.

„Der Gast sagte: *Ich sehe die beiden mangelhaften Steine. Aber ich sehe vor allem auch 998 absolut perfekt gesetzte Steine.*“

„Ooooooooh! Ich verstehe!!!", meinte der Biber begeistert und atmete erleichtert auf. „Ich habe mich so auf die beiden schiefen Zweige konzentriert, dass ich gar nicht die hundert anderen Zweige gesehen habe, die ich wirklich gut verbaut habe."

Der kleine Yogi lächelte: „Genau. Als ich die Geschichte zum ersten Mal gelesen habe, hat sie mich auch so berührt wie dich. Sie hilft mir auch immer wieder, dass ich trotz so mancher Dinge, die vielleicht nicht ganz so sind, wie ich mir das vorgestellt habe, niemals das aus den Augen verliere, was stimmt und gut ist."

„Danke, kleiner Yogi", schwärmte der Biber und fiel dem kleinen Yogi um den Hals.

„Weißt du was? Dann bau ich den Damm doch nicht neu und mach jetzt einfach ein erholsames Nickerchen in der Sonne."

„Eine hervorragende Idee!", lächelte der kleine Yogi und ging vergnügt seiner Wege.

DAS GUTE SEHEN

Die Geschichte, die der kleine Yogi nacherzählt hat, stammt aus dem Buch *Die Kuh, die weinte* von Ajahn Brahm, erschienen im Lotos Verlag, München 2009. Sie führt vor Augen, wie sehr wir uns in Negativ-Aspekten verbeißen können und nur noch das sehen, was nicht passt und was wir falsch gemacht haben, anstatt auch das anzuerkennen, was passt und was uns gelungen ist.
Wenn wir sehen, was in einer bestimmten Situation nicht stimmt, ist das per se nicht nur negativ oder schlimm. Es kann schließlich dazu führen, dass wir Verbesserungen anstreben, für Weiterentwicklung sorgen und Missstände verändern können. Allerdings wird es dann eng und für uns viel zu anstrengend, wenn wir nur noch Negativkritik üben und an zwei falsch liegenden Ziegelsteinen festhalten, während es 998 Steine gibt, die passen.

Wenn du das nächste Mal in einer Situation bist, in der du dazu tendierst, nur das Schlechte zu sehen, dann frage dich: „Was kann ich an dieser Situation dennoch genießen beziehungsweise gut/wertvoll/positiv finden?“ Und dann, lass dich überraschen, was da plötzlich in dein Sichtfeld rückt …

WIE WIR
IN DIE WELT BELLEN

An lauen Abenden, wenn die ersten Sterne vom Himmel zwinkern, lädt der kleine Yogi oft seine Freundinnen und Freunde zum gemeinsamen Geschichtenerzählen ein. Dann sitzen alle rund um ein Lagerfeuer, das der kleine Yogi in seinem Garten entzündet. Alle spüren die wohlige Wärme, genießen das Knistern des Feuers, den Tanz der Flammen und den Geruch von Gemütlichkeit, der sich ausbreitet.

Meistens wird Stockbrot gegessen, heißer oder kalter Tee getrunken und immer, immer freuen sich schon alle auf die Erzählungen des Abends.

Die alte Eule weiß viel aus ihrem langen, langen Leben zu berichten und schafft es stets, alle in den Bann ihrer Erfahrungen und Schilderungen zu ziehen. Das Rentier Lasse erzählt meistens Witze. Die kleine Yogini hat oft ihre Ukulele dabei und stimmt zwischendurch ein Liedchen an. Und der kleine Yogi, der erzählt gerne alte Legenden, Mythen und Märchen mit jede Menge Weisheit aus aller Welt.

„Erzähl uns bitte wieder die Geschichte mit dem Tempel und dem Hund!", rief eines Abends der Nachbarshund aufgeregt.

„Jaaaa!", jubelte auch Herr Eichhorn, „diese Geschichte höre ich auch so gerne!"

„Die kenn ich ja noch gar nicht!", sprach die kleine Schildkröte und streckte neugierig ihr Köpfchen noch weiter aus ihrem Panzer hervor.

Der kleine Yogi ließ sich nicht zweimal bitten und erhob seine Stimme: „Jetzt kommt eine alte Legende, die mir ein guter Freund aus Indien einmal erzählt hat und dieser wiederum kennt sie, weil seine Mutter ihm diese Geschichte oft vor dem Schlafengehen erzählt hat.

Es war einmal in Indien, da gab es einen großen Tempel, dessen Wände und Türme aus reinem Gold gefertigt waren. Im Inneren des Tempels spiegelte sich das Licht tausendfach, da seine Wände mit unzähligen kleinen Spiegeln verziert worden waren.

Der undurchdringliche indische Urwald umhüllte den goldenen Tempel und so haben nur wenige Wesen ihn jemals zu Gesicht bekommen.

Ein Hund jedoch, der in einem Dorf am Rand des Dschungels lebte, verirrte sich einst in dem Dickicht, bis er plötzlich vor den goldenen Ruinen stand. Aufgeregt lief er durch den Eingang in das Innere des Tempels, der von einem seltsamen Lichtglanz erfüllt war.

Doch wie erschrak er, als er plötzlich Tausende von Hunden um sich erblickte. Sofort dachte er, die anderen seien ihm zuvorgekommen. Böse sah er sie an und auch die anderen Hunde starrten ihn böse an. Der Hund fletschte die Zähne und knurrte leise und überall knurrte es zwischen gefletschten Zähnen zurück. In seine Enttäuschung mischten sich Angst und Wut, und er begann laut zu bellen und kläffen. Doch aus allen Richtungen bellten die Hunde ebenfalls zurück. Er fühlte sich umzingelt und bedroht. Erschöpft rannte er schließlich aus dem Tempel und war überzeugt, dass die Welt aus gefährlichen Hunden bestünde, die ihm Böses wollten.

Einige Zeit später kam ein anderer Hund zu diesem Tempel. Auch dieser Hund war beglückt über seine Entdeckung und lief aufgeregt ins Innere. Wie staunte er, als auch ihn plötzlich Tausende von Hunden umringten. Sein Herz klopfte vor lauter Freude und Entzückung! So viele liebe Hunde! Freudig wedelte er mit seinem Schwanz, hechelte und lächelte, und all die Hunde wedelten, hechelten und lächelten zurück. Darüber freute er sich noch mehr und sah, wie sich auch die anderen noch mehr freuten. Er jaulte vor

Glück, die anderen jaulten zurück und die Freude nahm ständig zu. Entzückt verabschiedete er sich von all seinen neuen Freunden, rannte aus dem Tempel und war überzeugt davon, dass die Welt aus freundlichen Hunden bestünde, die ihm stets wohlgesonnen waren."

Als der kleine Yogi zu Ende erzählt hatte, herrschte für kurze Zeit Stille. Nur das Knacken und Knistern des Feuers war zu vernehmen, bis die kleine Yogini begeistert seufzte: „Ach, das ist so eine schöne Geschichte!"

„Allerdings", meinte auch die kleine Schildkröte und blickte ganz verklärt ins Feuer.

Der kleine Yogi lächelte dem Nachbarshund zu und sagte: „Und die Moral von der Geschicht', die lautet jetzt zum Glück …"

„Wie wir in die Welt bellen, so bellt sie auch zurück!", jaulte dieser vergnügt und alle – sogar die tanzenden Flammen des Feuers – lachten so laut, dass sie bestimmt auch die Sterne hören konnten.

YOGAÜBUNG:

Der nach oben schauende Hund (Urdhva Mukha Svanasana)

- Begib dich in die Bauchlage und lege deine Fußrücken flach auf der Yogamatte ab.
- Platziere deine Handflächen neben deinem Brustkorb auf die Matte. Halte die Ellbogen eng am Körper.
- Strecke mit der nächsten Einatmung deine Arme und hebe gleichzeitig den Rumpf. Dabei heben auch Becken und Beine leicht von der Matte ab. Drücke deine Fußrücken und sogar deine Zehenrücken aktiv in den Boden.
- Drücke deine Fingerkuppen aktiv in die Matte, um deine Handgelenke zu schonen.
- Achte darauf, dass du deine Schultern weg von den Ohren ziehst, weite den Brustkorb so gut wie möglich.
- Dein Blick geht geradeaus nach vorn oder sanft nach schräg oben, Nacken und Kiefer sind entspannt.
- Bleibe für mehrere Atemzüge lang in der Haltung und atme dabei möglichst weich und entspannt. Wenn du willst, zieh deinen Mundwinkel zu einem Lächeln hoch, gerne kannst du auch freundlich bellen.
- Anschließend senkst du deinen Körper wieder langsam ab in die Bauchlage und spürst der Übung nach.
- Entspanne anschließend in der Stellung des Kindes (s. S. 15).

WOW, ES IST SCHON WIEDER

JETZT!

Vor ein paar Jahren ging der kleine Yogi am späten Nachmittag auf einem seiner Lieblingswege durch den Wald spazieren. Langsam ging er den Pfad entlang, atmete den Geruch von Bäumen, Blättern und Holz tief ein und aus und lauschte den Vögeln, die zwitscherten und tirilierten.

Er ging und ging und ging und überlegte, was er am nächsten Tag unbedingt alles machen wollte. Aus morgen wurde übermorgen, aus übermorgen wurde überübermorgen und schließlich dachte der kleine Yogi nicht nur an überübermorgen, sondern auch an die nächste Woche, die nächsten Monate, die nächsten Jahre. Zukunftsgedanken schwirrten durch seinen Kopf, die mit „Eines Tages …" begannen, und so achtete der kleine Yogi gar nicht mehr auf den Weg, auf dem er unterwegs war.

Als er schon fast auf dem Nachhauseweg war, landete ein kleiner Schmetterling auf seiner Schulter.

„Na? Hattest du einen schönen Spaziergang?", fragte der kleine Schmetterling.

„Ja, hatte ich", gab ihm der kleine Yogi zur Antwort.

„Diese Waldluft ist einfach himmlisch, nicht? Und wie wunderbar die Vögel heute wieder gesungen haben. Zum Glück waren all meine Lieblingslieder dabei", schwärmte der kleine Schmetterling.

„Stimmt. Das ist wirklich ein Glück", lächelte der kleine Yogi.

„Und hast du die schönen Blumen gesehen, die ganz in der Nähe der tausendjährigen Eiche blühen?"

Der kleine Yogi überlegte. Doch nein, die waren ihm gar nicht aufgefallen.

„Und hast du die Igelfamilie gesehen, die kurz vor der zweiten Lichtung am Baum miteinander gekuschelt hat? So süüüüß, diese Igelkinder, oder?"

„Oh nein, auch die habe ich nicht gesehen", antworte der kleine Yogi.

„Aber den Elefanten hat du gesehen, der im Giraffenkostüm so richtig abgetanzt hat, oder?"

„Was?", fragte der kleine Yogi ganz überrascht und mit großen Augen. Wie hatte er denn nur einen Elefanten im Giraffenkostüm übersehen können?

„Hihi, war ja nur ein Witz. Da war ja gar kein Elefant im Giraffenkostüm. Aber es hätte ja sein können", kicherte der Schmetterling und seine Fühler kicherten mit.

„Du hast recht", antwortete der kleine Yogi, lächelte und seufzte. „Da war ich wohl nicht ganz im Hier und Jetzt."

„Macht ja nichts. Das Jetzt kommt ja immer wieder", lachte der Schmetterling. „Apropos: JETZT muss ich los und ich

wünsch dir JETZT auf jeden Fall noch einen schönen Tag!" So flog er vergnügt durch die Luft davon und der kleine Yogi blickte ihm nach.

„Das Jetzt kommt immer wieder", dachte er, schmunzelte, und da kam ihm eine Idee. So schnell er konnte, lief er nach Hause und kramte aus seiner Bastelkiste alle möglichen Utensilien hervor – einen großen Karton, Buntpapier, Schere, Klebstoff, eine Musterklammer, Stifte, Bleistift und Radiergummi.

Mithilfe eines Zirkels zeichnete der kleine Yogi einen Kreis auf den Karton, schnitt ihn aus und markierte am Kreis die Stellen, wo sonst bei einer Uhr die Zahlen stehen. Nur, dass der kleine Yogi dort keine Zahlen hinschrieb, sondern überall das Wort JETZT. Ganz recht: Aus all den Materialien bastelte er eine ganz besondere Uhr. Diese hängt hier und heute immer noch in seiner Küche, und jedes Mal, wenn sie der kleine Yogi ansieht, denkt er sich: „Wow, es ist schon wieder JETZT."

BASTELANLEITUNG JETZT-UHR

Falls du auch Lust hast, dir eine JETZT-Uhr zu basteln, gibt's hier eine Anleitung für dich. Du kannst sie jetzt gleich basteln oder ein anderes Mal, denn: das JETZT, das kommt immer wieder.

Was du brauchst

- Karton (weiß oder bunt)
- einen Zirkel
- Bleistift und Radiergummi
- Lineal
- Filzstifte
- Schere
- Klebstoff
- 1 Musterklammer | Klemmnadel

Bastelschritte

- Zeichne mithilfe des Zirkels einen großen Kreis auf den Karton (Radius: ca. 10 cm).
- Schneide den Kreis aus.
- Vergrößere das Loch in der Mitte erst mit der Zirkelspitze, dann mit einer Bleistiftspitze. Ganz achtsam und vorsichtig!
- Markiere die Stellen, an denen sonst bei einer Uhr die Ziffern stehen, und schreibe anstatt der Ziffern das Wort JETZT.
- Schneide aus einem Karton in anderer Farbe einen kurzen Stundenzeiger und einen langen Minutenzeiger aus. Passe hier die Zeiger von der Größe her vorab an die Uhr an.

- Stich jeweils ein kleines Loch durch den Stunden- und den Minutenzeiger – zuerst wieder mit der Zirkel-, danach mit der Bleistiftspitze.
- Befestige die Zeiger mit der Musterklammer mittig im Ziffernblatt der Uhr.
- Finde einen guten Platz für die Uhr, an dem sie dich immer gut daran erinnert, dass schon wieder JETZT ist.

SEI DU SELBST

ALLE ANDEREN SIND SCHON VERGEBEN

Das war an einem dieser Tage, an denen nicht nur der Himmel bewölkt war, sondern auch die Luft und das Gemüt. Auch der kleine Yogi fühlte eine leichte Schwere in seinem Brustkorb, und er wusste, was da half: Beine vertreten.

So spazierte er los und seine Füße trugen ihn zu einem Bach ganz in der Nähe, der plätscherte, rieselte und rauschte. An seinem Ufer nahm der kleine Yogi Platz und vernahm neben ihm ein tiefes, tiefes Seufzen. Ein großer Stein neben ihm schien betrübt zu sein.

„Was hast du denn?“, fragte ihn der kleine Yogi.

„Ach“, seufzte der Stein nur noch mehr, „ganz ehrlich: heute habe ich es satt, ein Stein zu sein. Mein Leben ist so hart, kleiner Yogi. Hier liege ich, kann mich nicht wirklich bewegen und an manchen Stellen fühle ich mir wirklich unrund. Wie schön wäre es doch, Moos und weich zu sein. Oder gar ein Schmetterling, so dass ich mich in die

Lüfte erheben könnte! Oder auch eine Rose, die herrlich duftet. Doch nein, ich bin nur ein Stein."

„Ich finde dich wunderschön", sagte der kleine Yogi und streichelte achtsam den harten Brocken. „Es macht mich traurig, dass du lieber etwas anderes wärst. Du hast doch so eine unglaubliche Kraft an dir, die ich sehr bewundere. Und glaube mir, ich mag deine Ecken und Kanten sehr."

Der Stein dankte dem kleinen Yogi für seine Worte und wurde – auch wenn es kaum zu erkennen war – etwas rot.

Der kleine Yogi verabschiedete sich von dem Stein und schlenderte weiter, bis ein weiteres Seufzen dazu führte, dass er stehen blieb. Diesmal stammte es von einer jungen Eiche. Auch sie fragte der kleine Yogi, was ihr die Stimmung trübte.

„Ach, kleiner Yogi, heute hab ich es satt, eine junge Eiche zu sein. Sieh mich doch an! Ich bin der kleinste aller Bäume hier. Alle anderen sind schon viel weiter als ich, größer als ich, stärker als ich und haben auch viel mehr Blätter als ich. Was gäbe ich dafür, diese alte Tanne dort zu sein, deren Wipfel fast in den Himmel ragt. Schau doch, wie reich sie ist, wie viele Nadeln sie hat!"

„Ich finde dich wunderschön", sagte der kleine Yogi und berührte liebevoll die raue Rinde des Baumes. „Ich bin mir sicher, dass du eines Tages genauso stark und groß bist, wie es gut für dich ist, und ich wünsche dir von ganzem Herzen etwas Geduld, denn ich glaube, dass dich die Zeit mit viel Gutem beschenken wird."

Die junge Eiche dankte dem kleinen Yogi für seine Worte und sie schien gleich viel aufrechter dazustehen.

Gedanken versunken machte sich der kleine Yogi alsbald auf den Weg nach Hause, als er mit einem Mal ein leises Juchzen und zartes Jubeln hörte. Er hörte genau hin und bemerkte auf einmal, dass es von einem Grashalm kam.

„Na du bist ja fröhlich", lachte der kleine Yogi und beugte sich zu dem gut gelaunten Halm hinunter, „was beglückt dich denn so?"

„Ach weißt du, kleiner Yogi: Ich freu mich einfach so sehr, dass ich ein Grashalm bin. Ich freu mich, dass ich umgeben bin von vielen anderen Grashalmen und auch von vielen anderen Pflanzen, Tieren und Lebewesen. Ich freu mich, dass ab und zu morgens ein Tautropfen an mir hängen bleibt, dass ich mit dem Wind tanzen kann und dass ich so schön grün bin. Weil Grün auch noch meine Lieblingsfarbe ist!"

Der kleine Yogi schmunzelte. „Du wärst also nicht gerne irgendjemand anderes?"

Da hielt der kleine Grashalm kurz inne. „Aber wozu denn?", sagte er schließlich, „ich kann doch gar niemand anderes außer ich sein. Alle anderen sind doch schon vergeben."

Der kleine Yogi schmunzelte nur noch mehr und der kleine Grashalm fragte freundlich: „Was ist denn? Warum lächelst du denn?"

„Ich freu mich einfach gerade so sehr, dass du so gerne du bist", antwortete der kleine Yogi.

WAS-ICH-AN-MIR-MAG-MEDITATION

- Begib dich an einen Ort, an dem du ungestört bist.
- Nimm eine aufrechte Sitzhaltung – am Boden oder gerne auch auf einem Sessel – oder eine Meditationshaltung (s. S. 14) deiner Wahl ein.
- Achte darauf, dass dein Rücken gerade ist und dass du unangestrengt für längere Zeit aufrecht sitzen kannst.
- Lege deine Hände mit den Handflächen nach oben auf deinen Oberschenkeln oder Knien ab, je nachdem, wie du sitzt.
- Vertiefe deine Atmung, schließe deine Augen. Wenn du willst, kannst du auch gerne angenehme Musik im Hintergrund abspielen.
- Vergegenwärtige dir innerlich, was du an dir selbst magst und schätzt. Sprich dir selbst Komplimente aus. Was ist gut, wichtig und richtig daran, dass du du bist? In welchen Momenten deines Lebens hattest und hast du das Gefühl, richtig „du selbst" zu sein?
- Wenn du willst, kannst du dir all das auch aufschreiben – je nachdem, was hier für dich stimmiger ist.
- Komme nach ein paar Minuten wieder im Hier und Jetzt an, öffne deine Augen und spüre nach.

Du wirst sehen: Wenn du dir immer wieder Zeit für diese Übung und Meditation nimmst (zum Beispiel einmal pro Woche), verändert sich deine Wertschätzung dir selbst und auch anderen gegenüber.

WAS IST
DER NÄCHSTE SCHRITT?

Als sich der kleine Yogi in seinen Garten begab, um etwas Salat und Gemüse für sein Mittagessen zu ernten, wäre er beinahe gestolpert. Über den Panzer einer seiner guten alten Bekannten, der Schildkröte.

„Das ging gerade noch mal gut, meine Liebe. Fast hätte ich dich übersehen!", meinte er und beugte sich zu seiner Freundin hinunter. Diese streckte langsam ihr Köpfchen aus dem Panzer und

verzog zeitlupenartig ihr Gesicht zu einem zufriedenen Lächeln, als sie sagte: „Oh, kleiner Yogi. Bitte verzeih. Ich war gerade so in mich gekehrt. Weißt du, eine der schönsten Fortbewegungen ist es doch, ab und an in sich zu gehen, oder?"

„Und wie!" Der kleine Yogi streichelte seiner Freundin behutsam und liebevoll über den Kopf, als er eine kleine Raupe herankrabbeln sah. „Oh! Nanu! Wer bist denn du? Dich kenn ich ja noch gar nicht!", sagte der kleine Yogi und begrüßte die Raupe, die er wirklich noch nie zuvor in seinem Garten erblickt hatte.

„Bist du der kleine Yogi?", fragte die Raupe, schwer hechelnd, da sie völlig aus der Puste war.

„Ich bin in jedem Fall der kleine Yogi", antwortete dieser und hielt der Raupe seine Hand hin, damit diese darauf krabbeln konnte. Der kleine Yogi nahm auf den Treppen zu seinem Garten Platz und fragte die Raupe, warum sie gekommen war, ihn zu sehen.

„Dein Schmetterlingsfreund schickt mich, weil ich ein großes Problem habe. Er hat gemeint, ich soll dich suchen, denn bei dir würde ich bestimmt Hilfe finden!", meinte die Raupe.

„Ich hör dir gerne zu. *Wir* hören dir gerne zu", sagte der kleine Yogi und nickte seiner Schildkrötenfreundin zu. „Sie hat nämlich auch sehr oft gute Ratschläge. Bitte, erzähle."

„Nun. Es ist so. Wie du sicher weißt, begann mein Leben als Ei. Als winzig kleines Ei. Und es ist mir gelungen, eine Raupe zu

werden. Und ich gebe wirklich mein Bestes als Raupe. Fresse brav, ernähre mich gesund und nehme mir genug Blätter vor den Mund. Doch ich weiß auch, dass bald die Zeit kommen wird, dass ich mich verpuppen muss. Das ist schon mal sehr viel, so einen Seidenfaden zu spinnen und einen Kokon zu machen, der sicher ist. Darin werde ich dann liegen. Lange, lange Zeit, und ich weiß doch gar nicht, ob ich das aushalte, so lange allein in einer seidenen Hülle. In dieser Hülle soll ich mich zu einem Schmetterling verwandeln, also Flügel entwickeln. Richtige Flügel! Zart und doch stabil. Und dann soll ich eines Tages aus der Hülle herausbrechen und – sobald die Zeit reif ist – aus dem Kokon kriechen und – wenn's wahr ist – fliegen! Ich meine: fliegen! Und, kleiner Yogi, ich glaube, mir wird das alles zu viel. Raupe, Puppe, Seidenfaden, Kokon, Verwandlung, Schmetterling, Fliegen … wie soll ich denn das alles schaffen? Wie denn?"

Der kleine Yogi und die Schildkröte hatten aufmerksam zugehört und spürten die Verzagtheit der kleinen Raupe.

„Danke, dass du das alles mit uns teilst", begann der kleine Yogi. „Und ich kann gut verstehen, dass das alles sehr viel für dich ist."

„Ich meine, dein Schmetterlingsfreund hat mir schon gesagt, dass ich das schon alles schaffen werde, weil das ja noch jeder geschafft hat, aber wenn ich jetzt schon daran denke, dass ich da eines Tages aus dem Kokon krieche und tatsächlich fliegen soll, wird mir schlecht!"

„Darf ich dir einen Rat geben, mein Kind?", meinte da die Schildkröte mit ihrer angenehm warmen Stimme und wartete, bis die Raupe genickt hatte und bereit war. „Du hast viel vor. Und du hast Großes vor. Und ich bin mir sicher, dass du alles schaffen kannst, was du willst. Der Rat, den ich für dich habe ist, einen Moment innezuhalten und mal nur an deinen nächsten Schritt zu denken. Wirklich nur an deinen nächsten Schritt. Was könnte das sein?"

Der kleine Yogi lächelte, sah die Schildkröte und danach die Raupe in seiner Hand an.

„Mein nächster Schritt?", fragte die Raupe.

„Ganz recht", sprach die Schildkröte und nickte, „der allerkleinste nächste Schritt."

„Naja. Der nächste Schritt wäre von dieser Handfläche runter auf die Wiese und dann zum nächsten Blatt. Ich habe nämlich schon wieder Hunger."

Die Augen der Schildkröte leuchteten. „Wunderbar! Genauso, mein Kind. Genauso kannst du all das schaffen, was du vorhast. Einfach immer nur an den nächsten Schritt denken – mit deinem Ziel im Herzen. Glaube mir, das wirkt Wunder!"

Die Raupe schien sichtlich erleichtert. Sie dankte der Schildkröte und dem kleinen Yogi und ließ sich von diesem langsam in die Wiese setzen, um sich auf die Suche nach einer blättrigen Köstlichkeit zu machen.

„Apropos Hunger! Willst du mitessen?", fragte der kleine Yogi seine Schildkrötenfreundin lachend.

„Warte, ich muss kurz in mich gehen!", lachte diese, zog den Kopf ein und rief daraus mit hallender Stimme: „Gerne!"

Schmetterling (Bhadrasana)

- Du sitzt im Langsitz, Gesäß auf dem Boden, die Beine lang nach vorne. Der Rücken ist gestreckt und gerade, der Nacken ebenso, die Schultern sind tief. Wenn es für dich angenehmer ist, kannst du ein kleines Kissen unter das Gesäß legen oder dich mit dem Rücken an einer Wand anlehnen.
- Ziehe nun die Knie zum Körper.
- Bring die Fußsohlen aneinander und lasse mit der nächsten Ausatmung behutsam deine Knie nach außen und unten sinken.
- Umfasse einatmend die Zehen und ziehe die Fersen ausatmend am Boden nahe zum Körper.
- Bewege die Knie vorsichtig auf und ab – wie ein Schmetterling, der fliegt.
- Wenn du willst, schließe deine Augen und genieße mit ruhigen, tiefen und gleichmäßigen Atemzügen das Flattern und Federn.
- Komme nach etwa einer Minute achtsam zurück in den Langsitz und wiederhole diese Übung ca. dreimal.
- Anschließend kannst du zum Beispiel in der Rückenlage (Shavasana) oder der Stellung des Kindes (s. S. 15) entspannen.

Schildkröte (Kurmasana) – sanfte Variante

- Du stehst in einer weiten Hocke und fädelst deine Arme unter den Kniekehlen durch. Vielleicht sinken sogar deine Schultern leicht unter die Beine, sodass sie an den Oberschenkelrückseiten anliegen.
- Atme tief ein und aus und lass dein Gesäß auf die Matte sinken.
- Mach mit der nächsten Einatmung deine Wirbelsäule so lang wie möglich. Deine Handflächen liegen auf dem Boden, die Arme sind seitlich weit vom Körper ausgestreckt.
- Lass mit der nächsten Ausatmung deine Fersen langsam nach vorne rutschen und strecke achtsam deine Beine. Die Zehen zeigen nach oben. Die Arme streckst du weiterhin zur Seite.
- Atme weiterhin tief ein und aus und lass deinen Oberkörper nach vorne sinken – es kann sein, dass sogar dein Kinn und dein Brustkorb die Matte berühren.
- Dein Herz strebt in Richtung Erde, dein Rücken ist weiterhin so lang wie möglich.
- Sinke mit jeder Ausatmung noch tiefer in diese Haltung, achte gut auf deine Grenzen.
- Atme tief ein und aus und löse die Position so langsam wie eine Schildkröte wieder auf.

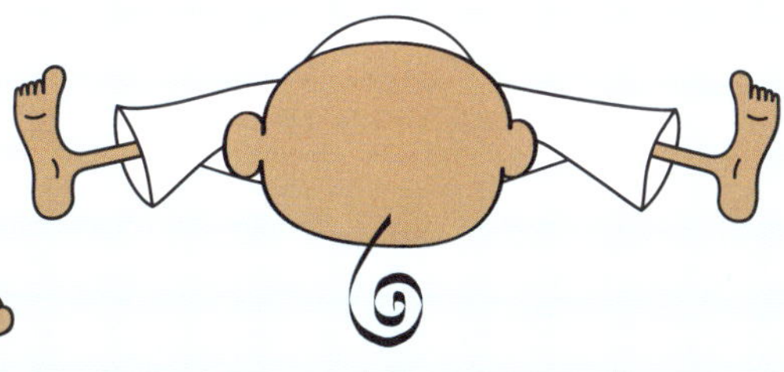

ZEIT

FÜR MICH

An einem Abend in der Woche hat der kleine Yogi ein Treffen, das ihm sehr am Herzen liegt. Ein Treffen, das er auch niemals-nicht und auf keinen Fall und unter gar keinen Umständen jemals verschieben würde. Dazu ist es ihm viel zu wichtig. An diesem Abend trifft sich der kleine Yogi nämlich mit sich selbst. Man könnte nun meinen, dass sei nichts Außergewöhnliches. Jeder und jede verbringt doch so gut wie immer Zeit mit sich selbst. Das sieht der kleine Yogi anders. Wirklich bewusst Zeit mit sich allein, die man so richtig genießt und auskostet, verbringen gar nicht so viele. Darum hat es sich der kleine Yogi eines Tages zur Gewohnheit gemacht, sich selbst mindestens einmal jede Woche unter zwei Augen zu sehen und ein paar wertvolle Stunden in seiner eigenen Gesellschaft zu verbringen.

Den Abend beginnt er damit, dass er sich ein köstliches Mahl zubereitet. Das Gute ist: Lange dauert es nicht, bis er mit sich selbst besprochen hat, was auf den Tisch kommt. Manchmal überlegt er vielleicht eine kleine Weile hin und her, aber in den meisten Fällen hat er sich rasch mit sich geeinigt, worauf er Lust hat. Beim Kochen läuft Musik im Hintergrund, und so bittet sich der kleine Yogi zwischendurch um ein flottes Kochtänzchen, während das Gericht des Abends bereits verführerisch durch die Küche duftet. Sobald das Essen fertig ist, lässt es der kleine Yogi abkühlen und macht sich indessen hübsch. Er zieht sich seine weiße Lieblingshose und sein frisch gebügeltes weißes Lieblingshemd an, bindet eine adrette Masche um den Hals und zwirbelt sein Haar so sorgfältig, dass es geradezu perfekt sitzt.

Anschließend deckt der kleine Yogi den Tisch – mit seinem Lieblingstischtuch, seinem Lieblingstischset, edlem Besteck, dem gravierten Trinkglas und natürlich ein paar Kerzen.

Zufrieden freut sich der kleine Yogi über sein Werk, dimmt das Licht, drapiert in der Küche gekonnt das Mahl auf seinem Lieblingsteller und nimmt danach am Tisch Platz. Er bedankt sich bei sich innerlich bei allen, die dazu beigetragen haben, dass er zu essen hat, legt sich eine Serviette auf den Schoß und beginnt zu essen.

„MMMMhhhh, schmeckt das gut. Kleiner Yogi, das hast du ganz vorzüglich gekocht!“, sagt er sich selbst und schleckt am Ende sogar den Teller ab.

Danach kümmert sich der kleine Yogi um den Abwasch, räumt die Küche auf und freut sich auf das, was er als Nächstes vorhat: ein Bad nehmen.

Hier nimmt sich der kleine Yogi ebenfalls Zeit für die Vorbereitung. Erst stellt er Kerzen im Badezimmer auf, gießt ein wohlriechendes Schaumbad in die Wanne und schlüpft in seinen weichen Bademantel, während er das Wasser einlässt, in dem natürlich auch eine Quietschente nicht fehlen darf. Ist die Badewanne voll, entledigt sich der kleine Yogi seines kuscheligen Mantels und sinkt graziös in das angenehme, warme Wasser, das von angenehm duftendem Schaum bedeckt ist. Genüsslich lehnt sich der kleine Yogi zurück, schließt die Augen und spürt, wie sich sein Körper mehr und mehr entspannt. Der kleine Yogi ist ganz da – bei und mit sich selbst, denkt nach, lässt sich Schönes durch Kopf und Herz gehen und fängt an, ein bisschen zu träumen.

„Danke für dieses feine Bad, kleiner Yogi!", sagt er sich selbst, hält sich die Nase zu, taucht ganz ins Wasser hinein und setzt sich zum Schluss eine Schaumhaube auf den nassen Kopf.

Wenn ihm beinahe schon Schwimmhäute zwischen den Fingern gewachsen und seine Hände und Füße so richtig verschrumpelt sind, steigt der der kleine Yogi aus der Wanne, trocknet sich ab und kuschelt sich in seinen Bademantel hinein, in dem die Wärme des Bades nachwirkt. Danach trinkt er in seinem Schaukelstuhl eine Tasse Tee und merkt, wie sich Zufriedenheit, Dankbarkeit und das Gefühl, ganz viel Zeit zu haben, in ihm ausbreitet.

„Ich danke dir für den feinen Abend, kleiner Yogi. So schön, dass du heute Zeit hattest", sagt er sich selbst, knipst überall die Lichter aus und begibt sich zu Bett, wo er bereits nach zwei Atemzügen lächelnd einschläft.

NIMM DIR ZEIT FÜR DICH

Wie oft verbringst du bewusst Zeit mit dir und siehst dich selbst unter zwei Augen?
Wenn du das Gefühl hast, dass es schon viel zu lange her ist, dass du dich mit dir selbst getroffen hast, dann bitte dich selbst um ein Rendez-Vous, ein Date, ein Treffen.
Wie könnte so ein Treffen mit dir aussehen?
Was würdest du am liebsten nur mit dir und für dich unternehmen?

Hier ein paar Ideen dazu:

- Lade dich selbst zum Essen ein – ob bei dir zuhause oder in einem Restaurant deiner Wahl.
- Nimm dir Zeit für Bewegung – mach einen Spaziergang, dreh eine Runde mit dem Fahrrad, geh joggen, hol die Rollschuhe aus dem Keller und fahr los.
- Mach einen spontanen Ausflug an einen Ort, an dem du noch nicht warst.
- Geh mit dir ins Museum, ins Kino, ins Theater oder in ein Konzert.
- Schreibe Tagebuch, um die letzten Tage, Monate, vielleicht sogar Jahre Revue passieren zu lassen.
- Führ dich ins Café aus und nimm ein Buch mit, das du schon länger mal lesen wolltest (natürlich auch gerne das Buch, das du jetzt gerade liest☺).

- Genieße eine Yogastunde nur für dich, mit deinen Lieblingsübungen, und nimm dir anschließend Zeit für eine kleine Meditation, zum Beispiel die „Metta-Meditation" von S. 26 oder die „Was-ich-an-mir-mag-Meditation" von Seite 63. Zünde dafür ein paar Kerzen an, ein Räucherstäbchen und/oder lass leise Entspannungsmusik laufen.

ANGST BEGINNT IM KOPF.

MUT AUCH

Als der kleine Yogi eines morgens von überaus lautem Gezwitscher geweckt wurde, war ihm sofort klar, dass etwas Aufregendes im Schwalbennest unter seinem Dach vor sich gehen musste. Konnte es sein, dass ...? Ja! Ja, das konnte tatsächlich sein!

Eilig und trotzdem noch etwas verschlafen zog sich der kleine Yogi an und lief in seinen Garten. Dort wandte er sich neugierig dem Nest der Schwalbenfamilie zu, rieb sich den Schlaf aus den Augen und rief: „Ist es heute soweit?"

„Ja", antworteten Vater und Mutter Schwalbe, wobei der kleine Yogi sie kaum hörte; so laut war das Gezwitscher der Schwalbenkinder. Kein Wunder – sie alle waren aufgebracht, nervös und vorfreudig, da sie an diesem Tag ihre ersten Flugversuche starten würden.

„Ich wünsch euch einen guten Flug!", rief ihnen der kleine Yogi zu und setzte sich auf die Wiese, um dem Vogelnachwuchs zuzuschauen.

Das Erste kletterte mutig an den Rand des Nestes und schien etwas wackelig auf den Beinen. Es stand da, blickte in die Tiefe und der kleine Yogi konnte förmlich sein Herz schlagen hören. „Du schaffst es! Ich weiß es!", dachte der kleine Yogi und sah, wie das Vögelchen seine Flügel ausbreitete, tief einatmete und sich tapfer aus dem Nest fallen ließ. Es flatterte, so gut es konnte, und wurde nicht nur vom aufkommenden Wind, sondern auch von den begeisterten Rufen seiner Schwalbengeschwister getragen. Nach einer kleinen Runde landete es wieder zurück im Nest und der kleine Yogi applaudierte.

Schon war das nächste an der Reihe. Dieses ließ sich nicht lange bitten: Mit geschlossenen Augen entfaltete es seine kleinen Schwingen und stürzte sich so mutig aus dem Nest, dass der kleine Yogi gemeinsam mit den Schwalbeneltern den Atem anhielt. Als hätte es schon immer fliegen können, drehte das schwarz-weiße Vögelchen eine Runde durch den Garten und landete – ebenfalls begleitet von begeisterten Zurufen – wieder zurück im Nest.

So ging es weiter: zaghaft und beherzt, zögerlich und unerschrocken starteten die nächsten Kinder ihre Flugversuche. Der kleine Yogi jubelte und freute sich mit.

Nur eines der Schwalbenkinder traute sich nicht. Immer wieder sah der kleine Yogi vom Boden aus, wie sein Köpfchen aus dem Nest ragte, das dann jedoch wieder schnell zurückzuckte und sich versteckte. Der kleine Yogi hörte, wie seine Eltern und auch seine Geschwister dem ängstlichen Vogelkind zuredeten, doch keine Chance: Es wollte auf gar keinen Fall das sichere Nest verlassen.

Am nächsten Tag war die Angst nicht verflogen. Während die anderen Schwalbenkinder bereits durch die Luft sausten und immer wendiger in ihren Bewegungen wurden, blieb das letzte Vögelchen im Nest zurück. Zwar wagte es sich mittlerweile an den Rand des Nestes, doch von da aus ging es keinen Schritt und keinen Flügelschlag weiter.

Auch am darauffolgenden Tag sollte sich nichts daran ändern. So wandten sich Vater und Mutter Schwalbe etwas ratlos an den kleinen Yogi: „Kleiner Yogi, kannst du vielleicht unserem Kind helfen? Wir haben alles versucht. Wir waren geduldig, dann etwas strenger, haben ihm Zeit gegeben und ein bisschen gedrängt, aber irgendwie hilft das alles nichts. Weißt du einen Rat?"

Der kleine Yogi dachte kurz nach und nickte dann.

Als die anderen Schwalbenkinder mitsamt den Eltern wieder auf Ausflug-Flug waren, lehnte der kleine Yogi eine Leiter an die Hausmauer, kletterte an ihr hoch und setzte sich auf die letzte Sprosse.

„Na du?", begrüßte er das Schwalbenkind, und es grüßte schüchtern zurück.

„Ich habe gehört, dass du gerade noch etwas Angst vorm Fliegen hast", sagte der kleine Yogi.

Das Schwalbenkind nickte heftig, vergrub das Köpfchen in einem seiner Flügel.

„Das kann ich verstehen", meinte der kleine Yogi.

„Wirklich?", fragte das Vogelkind.

„Sicher. Ich finde es wirklich sehr mutig, wie ihr Vögel euch aus dem Nest fallen lasst und losfliegen könnt. So mutig und beeindruckend."

„Ja, aber was, wenn ich das nicht kann?“ Die junge Schwalbe klang sehr aufgeregt.

„Gute Frage“, sagte der kleine Yogi, „und was, wenn du es schon kannst?“

„Ja, aber das ist doch nicht gewiss!“

„Stimmt. Und es ist auch nicht gewiss, dass du es nicht kannst.“

Da verstummte das Vogelkind kurz.

„Wenn wir etwas tun wollen, das wir noch nie getan haben, kann es sein, dass wir Angst haben. Und manchmal ist das auch gut, weil wir dann vorsichtiger sind. Allerdings dürfen wir uns nicht von der Angst daran hindern lassen, mutig Neues zu wagen“, sagte der kleine Yogi.

„Ich hab' aber Angst. Wie soll ich da mutig sein?“, fragte das Schwalbenkind und seine Stimme klang zittrig.

„Mut bedeutet nicht, dass wir keine Angst mehr haben. Mut bedeutet, dass wir uns dafür entscheiden, dass es etwas Wichtigeres gibt als die Angst. Etwas, das uns vielleicht eines Tages fliegen lässt“, sagte der kleine Yogi und lächelte.

Das Schwalbenkind seufzte und wurde ganz still.

Es dachte lange, lange nach und meinte schließlich zum kleinen Yogi: „Darf ich dich etwas bitten?“

„Sicher! Alles!“, sagte der kleine Yogi.

„Ich will es morgen noch einmal mit dem Fliegen versuchen“, sagte die junge Schwalbe entschlossen, „Würdest du dich dann

bitte unter das Nest stellen, um mich aufzufangen, falls ich doch falle?“

Der kleine Yogi nickte – das würde er sehr gerne tun.

Am nächsten Morgen war es soweit. Mucksschwalbenstill beobachtete die Familie des kleinen Vögelchens es dabei, wie es sich vorsichtig und mit zittrigen Füßchen an den Nest-Rand stellte und dem kleinen Yogi einen Blick zuwarf, der sich unter dem Nest positioniert hatte.

Und dann, dann atmete das Schwalbenkind ein und wieder aus, öffnete die Flügel, stürzte in die Tiefe und … flog!

NUR MUT – NEUES WAGEN

Einen Fallschirmsprung wagen oder jemanden nach dem Weg fragen. Auf's offene Meer rausschwimmen oder Papa anrufen und ihm sagen, dass man ihm verzeiht. Mit der höchsten Seilbahn fahren oder sagen: „Mir ist das alles zu viel." Den Job kündigen, obwohl es noch keinen neuen gibt, oder diesen Menschen dort drüben mal ansprechen. Für all das und noch mehr brauchen wir ihn: Mut.

Mutig zu sein bedeutet allerdings eben nicht, keine Angst zu haben. Sondern sich dafür zu entscheiden, dass etwas anderes wichtiger ist als unsere Angst. Wenn wir etwas Neues wagen, uns aus der Komfortzone und einem sicheren Nest trauen, kann es jedoch vorkommen, dass uns unsere Angst blockiert, wir uns selbst sabotieren und uns daran hindern, wichtige Entwicklungsschritte für uns selbst zu setzen.

Neues wagen – so kann's leichter gehen:

- **Schritt für Schritt** Oft nehmen wir uns zu viel vor. Eine große Veränderung kann jedoch häufig nicht von einem Tag auf den anderen passieren. Hab dein Ziel vor Augen und denke dennoch in Etappen. Was ist dein nächster Schritt?
- **Bleib bei dir** Ja, andere können vielleicht früher und schneller „fliegen" als du. Das mag sein. Und das kann uns auch inspirieren … oder stressen. Du bist du – mit deinem Tempo, deinen Lernaufgaben und deinen Erfahrungen. Vergleiche

dich also nur, wenn es dir Kraft gibt, nicht jedoch, wenn es dich stresst.

- **Wähle dein bestärkendes Motto** Überlege dir ein Motto, ein Mantra, das dir Kraft gibt. Sätze wie: „Ich gehe meinen Weg", „Ich krieg das hin" oder „Ich schaff das!" Wiederhole dein Motto mindestens zweimal täglich – morgens und abends. Oder: Schreibe es dir auf einen Zettel und hänge diesen an einen Ort, wo du ihn immer wieder gut sehen kannst.
- **Nimm Unterstützung an** Du kannst, musst allerdings wirklich nicht alles allein schaffen! Gibt es also jemanden, bei dem du dir einen Rat für dein Vorhaben holen kannst? Oder gibt es jemanden, der sich auf denselben neuen Weg begeben will wie du und dein Verbündeter oder deine Verbündete werden kann? Informier dich und finde Gleichgesinnte – du wirst enorm davon profitieren!
- **Kleinigkeiten bewirken Großes** Mut zur Veränderung kann oft schon im Kleinen beginnen: Probiere ein unbekanntes Gericht im Restaurant, versuch dich in einem neuen Kleidungsstil, putz dir mit der ungewohnten Hand die Zähne – kleine Veränderungen im Alltag stärken dein Selbstbewusstsein und zugleich auch deinen Erfahrungsschatz. Und sie sind ein gutes Training für unsere Mutmuskeln.☺

NÄHE,

DIE WIRKLICH GUTTUT

Der Herbstwind pfiff und der kleine Yogi auch. Er war gerade mit dem Fahrrad unterwegs zu seinem Freund Lasse, dem Rentier. Ein Lied nach dem anderen stimmte der kleine Yogi an und spürte die kalte Luft auf seinen Wangen. Kurz vor der letzten Abzweigung, wo der Wald seinen Anfang nahm, bremste der kleine Yogi, um ein paar Kastanien vom Weg aufzusammeln. Da entdeckte er drei ganz frische, die noch in ihrer stacheligen Hülle versteckt waren und neben einem Blätterhaufen lagen. Vorsichtig pulte sie der kleine Yogi aus ihrem Stachelkleid und bemerkte plötzlich, dass sich der Blätterhaufen bewegte. Erst meinte er, das wäre der Wind gewesen, und konzentrierte sich wieder auf die Kastanien-Enthüllung.

Doch nein, da bewegte sich etwas, regte sich etwas und siehe da: Da sah der kleine Yogi mit einem Mal die Schnauze eines Igels, dann auch seine Äuglein und dann seinen stacheligen Rücken. Dieser drehte sich plötzlich zum Blätterhaufen um und schrie voller Erbostheit: „Ja, ja! Du kannst mir auch gestohlen bleiben. Für immer! Sieh zu, wie dir alleine wärmer wird!"

Der kleine Yogi erstarrte. So viel Wut hatte er schon lange nicht mehr gehört und gespürt.

Der Igel wackelte langsam davon, als plötzlich ein zweiter zum Vorschein kam. Auch dieser rief aufgebracht: „Du kannst selber sehen, wie dir wärmer wird, und wage es ja nicht zurückzukommen!"

„Entschuldigung …", unterbrach der kleine Yogi die streitenden Stacheltiere. Streit hielt der kleine Yogi nur schwer, sehr schwer aus.

„Was denn?", sagten die beiden Igel im Chor und drehten sich um. „Oh, kleiner Yogi, du bist es", schnaufte der erste Igel. „Wir haben dich gar nicht bemerkt!", sprach der zweite Igel und die Wut in ihren Stimmen war nun etwas leiser.

„Darf ich fragen, warum ihr euch streitet?" Der kleine Yogi sah die beiden an und die beiden sahen einander an.

„Er stichelt so", sagte der zweite Igel und sah den anderen vorwurfsvoll an.

„Ich stichel so?", meinte dieser entrüstet. „DU! Du bist das! Du stachelst so! Das geht ja auf keine Igelhaut!"

„Eines nach dem anderen", meinte der kleine Yogi mit ruhiger Stimme. „Wieso sticheln? Wieso stacheln?"

„Na wir müssen uns doch aufwärmen!", begann der zweite Igel zu erklären, „für den kommenden Herbst und den Winter. Und wir wollten keinesfalls in den kalten Jahreszeiten allein sein. Also haben wir uns zusammengetan und versucht, es uns in dieser Mulde und unter diesem Blätterhaufen bequem zu machen."

Der kleine Yogi nickte und der Igel fuhr fort: „Na und dann haben wir versucht, uns näherzukommen und haben uns ganz fest zusammengedrückt. So richtig fest, und das hat dann nicht funktioniert und dann …"

„Dann haben wir das weiter und weiter probiert, weil das doch andere Igel auch so machen", setzte der andere Igel die

Geschichte fort, „und dann hat ER" – dabei zeigte er trotzig auf das andere Stacheltier – „doch glatt gesagt, dass ich ihm viiiiel zu nahekomme und dass er so viel Nähe gar nicht aushalten würde und dass …"

„Ja, aber weil du dann auch gleich so klammerst, und das tut doch weh!", schrie wieder der andere Igel dazwischen, und so lud sie der kleine Yogi ein, mal kurz ihre Igelschnauzen zu halten und tief durchzuatmen.

„Ich wiederhole noch einmal kurz, was ich verstanden habe", meinte der kleine Yogi. „Ihr beide wollt es gerne warm haben und den Herbst und Winter nicht alleine verbringen. Also habt ihr euch zusammengetan und versucht, euch gegenseitig zu wärmen. Das hat jedoch noch nicht geklappt, weil ihr euch in eurem Empfinden viel zu nahegekommen seid und es euch zu sehr stichelt und stachelt."

Die beiden Igel nickten.

„Und was, wenn ihr es ganz langsam angeht?", schlug der kleine Yogi vor. „Ich habe das Gefühl, dass es euch helfen kann, den richtigen Abstand zueinander zu finden, sodass sich eure Stacheln auch gut ineinander einfädeln können."

„Der will ja nicht!", meinte der zweite Igel und blickte trotzig in die Luft.

Da schnaubte der erste Igel tief durch. „Doch! Ich will schon. Willst du?"

Da blickte ihn der zweite Igel überrascht an. „Ich … ja … ich … also. Ich will schon auch. Aber bitte lass es uns tatsächlich etwas langsamer versuchen, damit wir die Nähe finden, die uns beiden auch wirklich guttut. Ginge das?"

Der erste Igel nickte und gemeinsam dankten sie dem kleinen Yogi für den Rat.

Sie wackelten zurück in die Mulde. Der kleine Yogi wünschte ihnen das Beste, stieg auf sein Fahrrad und fuhr lächelnd davon, während er nur noch hörte: „Ja … langsam … laaangsam … ein bisschen geht noch … ja … au … Entschuldigung … weiter links … gut. Genau! So passt es!"

NÄHE, DIE DIR GUTTUT

Wir Menschen brauchen Berührung – und das nicht nur in den kalten Monaten des Jahres oder um einander zu wärmen. Körperkontakt ist wichtig und von sehr großer Bedeutung für uns, unsere Entwicklung und unser Wohlgefühl.

Wenn wir umarmt werden, schüttet der Körper nämlich Botenstoffe aus, die gut und gern auch als „Glückshormone" bezeichnet werden. Diese Stoffe – zu denen beispielsweise Oxytocin oder Dopamin zählen – entfalten eine beruhigende Wirkung, helfen beim Stressabbau, regen die Sauerstoffzufuhr an, stärken zwischenmenschliche Bindungen und wirken stimmungsaufhellend.

Damit sich Körperkontakt jedoch so positiv auf uns auswirkt, ist es wichtig, dass wir ihn auch als wohltuend und willkommen empfinden. Dein Körper ist dein Körper – nur du allein fühlst und spürst, war hier für dich auch wirklich angenehm ist.

Finde heraus, was dir und deinem Körper wirklich-wirklich guttut und gönn dir in regelmäßigen Abständen Körperkontakt, der dich nährt, zum Bespiel:

- Kuschelmomente (am 21. Januar ist übrigens Weltknuddeltag!)
- kleine Streicheleinheiten
- wohltuende Umarmungen
- entspannende Massagen oder körpertherapeutische Behandlungen

WER ANDEREN EINE FREUDE MACHT, FREUT SICH SELBST NOCH MEHR

Als die kleine Yogini eines verregneten, kalten Nachmittags zum kleinen Yogi zu Besuch kam, empfing sie ein köstlicher, fantastischer, super-duper schokoladiger Geruch.

„Mmmmmm! Kleiner Yogi, was riecht denn da so wunderbar?", schwärmte sie und folgte ihrer Nase und dem köstlichen Duft in die Küche. Dort saß der kleine Yogi am Tisch und grinste von Ohr zu Ohr. Vor ihm standen eine große Schüssel mit einer tief dunkelbraunen Masse und eine etwas kleinere Schüssel, die mit einer Mischung aus klein gehackten Haselnüssen und Kakaopulver gefüllt war. Außerdem lagen da viele Kügelchen auf einer Platte. „Ich mache Glücksbällchen!", rief der kleine Yogi. „Willst du mir helfen?"

Das ließ sich die kleine Yogini natürlich nicht zweimal fragen. Sie wusch sich die Hände, setzte sich zum kleinen Yogi an den Tisch und fing ebenso an, aus der dunkelbraunen Masse Kugeln zu formen und sie anschließend im Haselnuss-Kakaopulver zu wälzen.

„Für wen sind sie denn?", fragte die kleine Yogini.

„Die sind zum Verschenken", lächelte der kleine Yogi verschmitzt. „Heute morgen verspürte ich plötzlich eine riesengroße Lust, anderen eine Freude zu machen. Und da fiel mir ein, dass ich doch Glücksbällchen rollen und diese dann einfach verteilen könnte."

„Das ist eine großartige Idee, kleiner Yogi", jubelte die kleine Yogini.

„Ja und das Beste kommt noch: Die Menschen und Tiere sollen auf keinen Fall wissen, von wem die Bällchen sind. Ich werde sie einfach bei jedem und jeder vor die Tür stellen und bereite ihnen damit eine kleine Überraschung." Der kleine Yogi kicherte schelmisch und auch diese Idee fand die kleine Yogini ganz und gar vorzüglich. Sie würde ihm auf jeden Fall beim Rollen der Glücksbällchen und danach auch beim Austragen helfen, denn gemeinsam würden sie noch viel mehr schaffen.

„Du sag mal, kleiner Yogi, was ist denn da eigentlich in der Masse drinnen? Die riecht soooo guuuut!", fragte die kleine Yogini.

„Sie schmeckt auch soooo guuuut!", lachte der kleine Yogi. „Du kannst gerne kosten! Da sind Datteln drinnen und Rosinen und geröstete Haselnüsse und Mandelmus und eine Prise Kardamom und ein bisschen Organgensaft und natürlich ganz viel Liiiiiebe!"

„Und sicher auch Freude!", fügte die kleine Yogini mit einem Auge zwinkernd dazu.

„Selbstverständlich auch Freude! Und Spaß!", lachte der kleine Yogi, und da fiel der kleinen Yogini etwas ein: „Was hältst du davon, wenn wir in jedes Bällchen beim Rollen noch zusätzlich etwas hineinwünschen! Machen wir das?"

Das ließ sich der kleine Yogi nicht zweimal fragen und so sprachen sie den Glücksbällchen beim Rollen jede Menge gute Wünsche zu. Hier wünschte die kleine Yogini Gesundheit, da alles Gute und dort einen herzlichen Lachanfall. Hier wünschte der kleine Yogi gute Laune, da ganz viel Selbstvertrauen und dort eine große Portion Mut. Sie rollten und rollten, wälzten und wälzten, wünschten und wünschten und hatten am Schluss einen Berg voller Glücksbällchen.

Sorgfältig verpackten sie diese in Papiersäckchen und machten sich anschließend auf den Weg, um diese zu verteilen. Bis in den Abend hinein waren die beiden unterwegs.

„Das hat Spaß gemacht! Danke für diesen außerordentlich schönen Nachmittag!", lachte die kleine Yogini, als sie sich vom kleinen Yogi verabschiedete.

Auch der kleine Yogi bedankte sich vielmals bei ihr, und als die beiden einander umarmten, hörten sie auf einmal ein herzliches Gelächter aus dem Nachbarhaus.

„Oh, die haben wohl meine Lachanfall-Bällchen abgekommen!", gluckste die kleine Yogini, und schon stimmten sie und der kleine Yogi in das Gelächter mit ein.

GLÜCKSBÄLLCHEN

Lecker-Schmecker-Schoko-Dattel-Mandel-Nuss-Bällchen, auch „Glücksbällchen" genannt (vegan)

Zutaten für ca. 10 – 12 Bällchen (je nachdem, wie groß du sie formst)

- 80 g geröstete Haselnüsse
- 150 g getrocknete Datteln | Softdatteln
- 20 g Rosinen
- 1 EL Mandelmus
- eine Prise Kardamom
- Kakaopulver und klein gehackte Haselnüsse zum Wälzen
- bei Bedarf etwas Orangensaft

Zubereitung

- Haselnüsse, Datteln und Rosinen im Mixer beziehungsweise Universalmixer zerkleinern. Das Mandelmus dazugeben und alles zu einem zähen Brei verarbeiten (bei Bedarf etwas Orangensaft zufügen).
- Walnussgroße Kugeln formen, in Kakaopulver oder gehackten Haselnüssen wälzen und am besten kühl und trocken lagern.
- Immer wieder zwischendurch genießen und natürlich verschenken.

NA DANN GUTE NACHT – ODER:

SCHLAF GUT!

Es war im späten Spätsommer. An einem dieser Tage, an denen die Luft schon nach Herbst riecht, an denen die Blätter der Bäume beinahe schon zu Boden gleiten und an denen die Sonne alles in goldenes Licht taucht. Da hatte der kleine Yogi Lust auf Gipfelluft und beschloss, eine Bergwanderung zu machen.

Bepackt mit Rucksack, befußt mit Bergschuhen und beherzt voll Vorfreude ging es bergauf dem Gipfel zu. Der kleine Yogi spürte den Weg in seinen Beinen, die gute Luft in seinen Lungen und erfreute sich an der schönen Natur, die ihn umgab. Am Gipfel angekommen, breitete der kleine Yogi die Arme weit aus, genoss voller Dankbarkeit die Aussicht von so hoch oben und stieß ein glückliches Freudenjuchzen aus. Danach aß er und trank er etwas zur Stärkung und machte sich schließlich wieder bereit für den Abstieg.

Auf seinem Pfad ins Tal fiel ihm mit einem Mal zwischen zwei großen Steinen etwas Braunes auf. Erst dachte der kleine Yogi, es sei nur ein Erdhügel, doch als sich dieser bewegte, sah der kleine Yogi näher hin und erkannte ein Murmeltier.

„Einen schönen guten Tag!", begrüßte der kleine Yogi das entzückende Fellbündel freundlich und schritt achtsam näher.

„Guten Tag", murmelte das Murmeltier zurück. Es wirkte etwas nervös und bedrückt.

„Ist alles in Ordnung?", fragte der kleine Yogi besorgt.

„Leider nicht", murmelte das Murmeltier, „ich kann nicht einschlafen. Verstehst du? Ich. Kann. Nicht. Einschlafen! Und ich muss aber einschlafen, damit ich ausreichend Winterschlaf bekomme. Sonst bin ich doch kein richtiges Murmeltier, und was sollen sonst die anderen Tiere von mir denken, und außerdem bin ich dann sicher im nächsten Sommer nicht richtig ausgeschlafen, und dann kann ich die Sommermonate keineswegs auskosten, und dann schlafe ich im nächsten Sommer vielleicht viel zu früh ein, und dann wache ich im übernächsten Jahr viel zu früh auf und dann ..."

„Immer mit der Ruuuuhe", sagte der kleine Yogi, setzte sich neben das aufgebrachte murmelnde Tierchen und lud dieses ein, mal tief durchzuatmen, um sich zu beruhigen.

„Wenn du willst, kann ich dir gern dabei helfen, einzuschlafen."

„Wie meinst du das? Wie denn? Ich habe schon so viel versucht! Mir ein gemütliches Bett gemacht, Schäfchen gezählt, mir selbst ein Gute-Nacht-Lied gesungen, mir die langweiligste Geschichte aller Zeiten ausgedacht ... aber das hat bis jetzt alles nichts geholfen! GAR NICHTS."

„Na immerhin weißt du schon, was nicht funktioniert", lächelte der kleine Yogi, und das Murmeltier verschränkte schmollend seine Ärmchen vor dem Bäuchlein.

„Tut mir leid", sagte der kleine Yogi, „so war das nicht gemeint. Ich kenn das gut, wenn man nicht einschlafen kann, und das ist wirklich nicht schön."

„Eben!", seufzte das Murmeltier und ließ sich frustriert auf seinen Murmeltierhintern fallen.

Der kleine Yogi setzte sich zu ihm.

„Darf ich versuchen, dir zu helfen?", fragte der kleine Yogi, und da das Murmeltier keinen anderen Ausweg mehr sah, willigte es ein.

Der kleine Yogi lud es ein, es sich in seinem Bettchen bequem zu machen, setzte sich ganz nah an die Tür der Murmeltierhöhle und sprach mit angenehmer Stimme dem Murmeltier zu: „Leg dich ganz bequem hin, schließ deine Augen und denk jetzt an all das Schöne, dass du diesen Sommer erlebt hast. Denk an all das, wofür du dankbar bist und was gut ist."

„Oh, das gefällt mir!", sagte das Murmeltier und dachte an all das Schöne. An die warmen Sommertage. Seine Freunde und Freundinnen, mit denen er gespielt hatte. All die guten Pfeifkonzerte, die sie gemeinsam veranstaltetet hatten. Es dachte an all die köstlichen Kräuter, Gräser und Samen, die es verdrückt hatte.

„Und jetzt", fuhr der kleine Yogi fort, „atme tief in deinen Bauch ein und dann tief aus deinem Bauch wieder aus. Achte darauf, dass deine Ausatmung länger ist als deine Einatmung und bleib mit deiner Aufmerksamkeit bei deiner Atmung."

Der kleine Yogi wurde nun selbst etwas schläfrig, begab sich in die Rückenlage und leitete weiter das Murmeltier und sich selbst an. „Atme ein … uuuund atme aus … tiefes Einatmen … uuuund Ausatmen … sehr gut … und wieder einatmen und aus …"

Und da plötzlich vernahm das Murmeltier ein leises, kaum hörbares Schnarchen vor seiner Höhle. Es richtete sich auf, blickte nach draußen und da sah er es: Der kleine Yogi war tatsächlich und wirklich und wahrhaftig eingeschlafen!

Grinsend und kichernd kuschelte sich das Murmeltier wieder in sein Bettchen, atmete weiter tief ein und aus und schlief schließlich in der Geborgenheit der Schlaf-Atemgeräusche des kleinen Yogis zufrieden und gelassen ein.

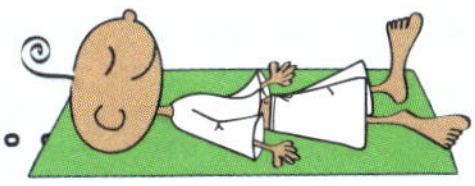

ENTSPANNUNGSÜBUNG VOR DEM EINSCHLAFEN

- Begib dich in die Rückenlage (Shavasana), am besten schon im Bett.
- Lass die Arme entspannt neben dem Körper liegen ODER lege beide Hände flach auf den Unterleib unterhalb des Nabels, sodass die Ellenbogen entspannt sind.
- Vertiefe deine Atmung und nimm wahr, wie sich mit jeder Ausatmung dein Körper zunehmend entspannt. Stell dir vor, dass dein Gesicht ganz weich wird und entspanne den Kiefer – es kann sein, dass dadurch dein Mund leicht geöffnet ist.
- Denk nun an all das Schöne, das du an diesem Tag erlebt hast, und führe dir vor Augen, wofür du in deinem Leben dankbar bist.
- Atme nun sanft und bewusst in deinen Bauch hinein und zähle dabei bis vier.
- Atme nun sanft und bewusst aus deinem Bauch aus und zähle dabei bis acht.
- Gerne kannst du den Rhythmus auch anpassen, achte jedoch darauf, dass die Ausatmung doppelt so lang ist wie die Einatmung.
- Die verlängerte oder „verdoppelte" Ausatmung hilft dir, dich zu beruhigen und Körper und Geist auf den Schlaf einzustimmen.

Ich bin so motiviert,

ich könnte Bäumen lauschen

An einem spätsommerlichen Nachmittag hatte sich der kleine Yogi mit seinem guten Freund Herrn Eichhorn verabredet. Sie wollten einander bei der tausendjährigen Eiche treffen, und als der kleine Yogi zum vereinbarten Treffpunkt kam, lehnte Herr Eichhorn bereits genüsslich am Baumstamm. Er hatte die Pfoten über dem Bauch verschränkt und blickte zufrieden, entspannt vor sich hin.

„Namasté, Herr Eichhorn!", begrüßte ihn der kleine Yogi, „wie geht es dir heute?"

„Grüß dich, kleiner Yogi", antwortete Herr Eichhorn. „Danke der Nachfrage, es geht mir geradezu vortrefflich und vorzüglich. Und stell dir vor: ich bin heute so motiviert, dass ich Bäume ansehen könnte.

Willst du dich zu mir setzen und mitschauen?"
Das ließ sich der kleine Yogi nicht zweimal und auch nicht dreimal sagen. Er nahm neben Herrn Eichhorn Platz, lehnte sich ebenfalls an den starken Baumstamm der tausendjährigen Eiche und spürte ihre Rinde auf seinem Rücken.

„Weißt du, was mich immer wieder aufs Neue freut, kleiner Yogi?", sagte Herr Eichhorn mit verträumtem Seufzen.

„Was denn?", fragte der kleine Yogi.

„Bäume sind die größten Lebewesen dieser Erde. Und kein Baum, aber auch gar kein einziger gleicht dem anderen! Sie alle sind Bäume und doch sind sie so verschieden. Siehst du den Baum dort drüben? Der streckt seine Äste so weit aus, als ob er den ganzen

Wald umarmen wollte. Daneben wiederum wurzelt einer, der drauf und dran ist, mit seinen Zweigen den Himmel zu berühren. Die einen spenden kühlenden Schatten und andere lassen es zu, dass die Sonne den Waldboden küsst. Sie alle haben ihre ganz eigene Art zu wachsen und ihre ganz eigenen Geschichten zu erzählen. Und wenn wir ganz still sind, können wir vielleicht hören, worüber sie sich gerade unterhalten."

Herr Eichhorn schloss die Augen, der kleine Yogi tat es im nach und sie lauschten. Lauschten dem Blätterrauschen, dem Zweigeflüstern, dem Ästeknarren und dem Wurzelschweigen. Der kleine Yogi verstand zwar die Sprache noch nicht so gut, aber Herr Eichhorn übersetzte für ihn eine der Nachrichten. Die junge Tanne hatte zu wenig Nährstoffe und bat ihre Baumfreunde und Baumfreundinnen um Hilfe. Die wiederum reagierten sofort und gaben ihr etwas von ihren ab. Das gefiel dem kleinen Yogi und auch Herr Eichhorn war ganz entzückt. „Immer wieder berührend, wie sie auf einander aufpassen und bestärken. Ach ihr seid so wunderbar!" Herr Eichhorn konnte sich in seiner Begeisterung nicht mehr halten. Er hüpfte auf, breitete seine Arme aus und gab der tausendjährigen Eiche eine Umarmung. Der kleine Yogi lachte, denn es sah einfach zu komisch aus, wie sein Freund mit seinen kleinen Ärmchen gerademal einen winzigen Teil des mächtigen Stammes der Eiche umärmeln konnte. Herr Eichhorn lachte ebenfalls und meinte: „Ach, ich wünschte, meine Arme könnten wachsen wie Äste. Dann könnte ich damit eines Tages den ganzen Stamm umfassen."

„Ich habe eine Idee!" sagte der kleine Yogi. Er suchte sich eine Stelle, auf der er gut stehen konnte, und nahm eine seiner Lieblingsyogapositionen ein: den Baum. Als er ganz stabil und yogabaumgerade dastand, rief er Herrn Eichhorn zu: „Na? Heute schon einen Yogabaum umarmt?"

Da kicherte Herr Eichhorn los, lief auf den kleinen Yogi zu und gab ihm eine herzliche, feste Umarmung. Das kitzelte so sehr, dass der kleine Yogi das Gleichgewicht verlor. Eh er sich's versah, kugelte er mit seinem Freund auf dem moosigen Waldboden herum und da bemerkte Herr Eichhorn lachend: „Das ist übrigens auch eine ganz wichtige Übung. Sie heißt Purzelbaum!"

YOGAÜBUNG:

Der Baum (Vrkshasana)

- Stell ich aufrecht hin. Deine Füße sind hüftbreit geöffnet. Dein Nacken ist gerade und lang. Dein Kinn zieht sanft Richtung Brustkorb. Deine Schultern sind tief und entspannt.
- Spreize die Zehen, schließ deine Augen. Verbinde dich mit dem Boden – stell dir vor, dass von deinen Fußsohlen lange, kräftige Wurzeln in den Boden wachsen und dass du aufrecht, kraftvoll wie ein Baum bist.
- Verlagere das Gewicht auf das rechte Bein. Hebe mit der nächsten Einatmung den linken Fuß und stell deine linke Fußsohle an der Innenseite deines rechten Beins ab – entweder am Unterschenkel oder am Oberschenkel (nicht am Knie).
- Drehe mit der nächsten Ausatmung das abgewinkelte, linke Bein soweit wie möglich nach außen. Drück mit der linken Fußsohle gegen das Standbein und mit dem Standbein gegen die Fußsohle.
- Lege deine Handflächen vor dem Brustkorb zusammen. Konzentriere dich auf einen Punkt – geradeaus vor dir –, um das Gleichgewicht gut zu halten. Wenn du dich sicher und stabil fühlst, führe die gefalteten Hände langsam über den Kopf.

10+

- Halte dein Gleichgewicht solange wie möglich, atme gleichmäßig.
- Geh achtsam und langsam wieder aus der Übung heraus und wiederhole die Übung auf der anderen Seite.
- Bleib anschließend noch für einige Atemzüge stabil und aufrecht stehen und spüre nach.
- Entspanne in der Stellung des Kindes (s. S. 15).

AUSMISTEN

BRINGT GLÜCK

Der kleine Yogi hatte gerade sein Mittagessen beendet, da hörte er ein leises Klopfen an der Haustür. Wer konnte das sein? Besuch erwartete er nämlich nicht. Der kleine Yogi öffnete, doch da stand niemand. „Seltsam, ich hatte gewiss ein Klopfen gehört", dachte er und schloss die Türe wieder. Da klopfte es erneut. Genauso leise wie vorhin.

So öffnete der Yogi, konnte wieder niemanden erblicken, und als er die Tür kopfschüttelnd ins Schloss fallen lassen wollte, hörte er ein Räuspern und eine raue Stimme sprechen: „Guten Tag. Ausmistkäfer mein Name. Frühlingszeit ist Ausmistzeit. Haben Sie Bedarf an einer Ausmist-Beratung? Solide, sauber, superfix – ich vergesse nix."

Überrascht beugte sich der Yogi zu dem Käfer hinunter. „Na das ist ja schön, Sie kennenzulernen. Ich fürchte nur, Sie werden nicht allzu viel bei mir finden, ich …"

„Mit Verlaub", unterbrach ihn der Ausmistkäfer, „ich finde überall Überflüssiges. Darf ich mich mal bei Ihnen umsehen?"

„Bitte gerne. Kommen Sie nur herein", meinte der kleine Yogi und führte den Ausmistkäfer von Raum zu Raum. Dieser traute seinen Augen nicht. In der Küche, im Wohnzimmer, im Schlafzimmer, im Kleiderschrank, im Badezimmer, nicht einmal unter Bett und Sofa war etwas Überflüssiges zu finden. Keine Hose, kein Hemd, kein Löffel, kein Buch war zu viel. Alles, was der kleine Yogi besaß, brauchte er, benützte er, behandelte er mit Sorgfalt.

„So etwas habe ich noch nie erlebt", murmelte der Ausmistkäfer und wollte sich schon auf den Weg nach draußen machen, als ihn der kleine Yogi fragte, ob er nicht auf eine Tasse Tee bleiben wollte. Schließlich war er doch bestimmt schon lange unterwegs gewesen. Der Ausmistkäfer freute sich sehr über die Einladung und nahm diese dankend an.

„Sagen Sie, was machen Sie eigentlich als Ausmistkäfer? Was erleben Sie da?", fragte der kleine Yogi wissbegierig.

„Da erlebt man so eiiiniges, glauben Sie mir!", antworte der Ausmistkäfer und schlürfte seinen Tee von der kleinsten Tasse, die der kleine Yogi in der Küche gefunden hatte.

„Vor ein paar Tagen etwa beriet ich eine Mäusefamilie. Sie glauben nicht, was sich da alles angesammelt hat! Vorräte! Bergeweise Vorräte! Die hätten für vier Winter gereicht. Dabei gibt es doch genug Nahrung. Immer und für alle."

Wieder schlürfte der Ausmistkäfer an seinem Tee und genoss sichtlich die Pause. „Oder letztens! Da war ich bei einem Tausendfüßler. Der hatte über 6000 Paar Schuhe! Ich meine, ich verstehe ja, dass man als Tausendfüßler viele Schuhe braucht. Sehe ich total ein. Aber gleich 6000? Er konnte sich zumindest von 2000 Paar trennen, aber leicht war das nicht. Sie glauben ja nicht, wie viel Zeug sich da ansammelt in den Häusern, Wohnungen und Bauten, in denen ich vorbeischaue. Nicht nur Vorräte und Kleidung. Gegenstände, die nicht benutzt werden. Bücher, die nicht gelesen werden. Spiele, die nicht gespielt werden. Unglaublich! Ein Glück, dass ich da so vielen mit meinem Mistgeschick helfen kann."

Mittlerweile hatte der Ausmistkäfer seine Tasse leer getrunken und der kleine Yogi schenkte ihm nach. Da räusperte sich der Ausmistkäfer kurz und legte seine Stirn in Falten.

„Nur einem … Dem konnte ich bis jetzt noch nicht helfen."

„Ach ja?", fragte der kleine Yogi und lauschte aufmerksam.

„Ja. Gestern, da war ich bei einem Kunden – wer das war, darf ich nicht sagen. Ausmistkäfer-Schweigepflicht. Aber was ich weitergeben darf und kann ist, dass der an sich nicht viel besaß.

Der wollte nur eines loswerden: seine Sorgen. Damit war ich allerdings überfragt."

„Und welche Sorgen?", fragte der kleine Yogi.

Der Ausmistkäfer erwiderte: „Ich versuche mich zu erinnern … Er sagte … Ja, genau … Er hat Angst davor, dass es ihm nicht gelingen wird, ein glückliches Leben zu führen. Jedes Mal, wenn es ihm nämlich gut geht, denkt er, er habe das nicht verdient, und kann es nicht genießen. Deshalb macht er sich Sorgen." Als der Ausmistkäfer fertig gesprochen hatte, wurde es ganz still in der Küche.

„Warten Sie kurz …", sagte der kleine Yogi, stand auf und holte etwas aus der obersten Schublade seiner Kommode im Schlafzimmer. Es war ein Band mit einem kleinen Om-Anhänger, das er dem Ausmistkäfer überreichte.

„Ich weiß, Sie helfen anderen, Dinge auszumisten, aber in diesem Fall hätte ich etwas, das Sie Ihrem Kunden bringen können. Geben Sie ihm das, sagen Sie ihm die besten Grüße vom kleinen Yogi und dass ich glaube, weiß und wünsche, dass er ein glückliches Leben hat und dass ich glaube, weiß und wünsche, dass er sein Glück auch genießen kann."

„Das ist ja schön!", schwärmte der Ausmistkäfer, bewunderte den Glücksbringer, stand auf und sprach entschlossen: „Den werde ich überbringen. Superfix. Verlassen Sie sich drauf! Und sollte er nicht helfen, dann komme ich wieder. Einverstanden?"

„Einverstanden!", sagte der kleine Yogi.

Mit vielen Dankesworten verließ der Ausmistkäfer den kleinen Yogi und kehrte nicht mehr wieder.

PLATZ FÜR NEUES – EINLADUNG ZUM ÄUSSEREN UND INNEREN AUSMISTEN

Regelmäßig auszumisten tut gut! Du bekommst einen Überblick über all das, was du besitzt, und kannst aktiv entscheiden, was gehen und was bleiben kann. Und damit auch Platz für Neues schaffen! Spürst du, dass es auch bei dir wieder einmal höchste Zeit ist, auszumisten? Dann gibt's hier eine Checkliste für dein Zuhause – für das äußere Ausmisten:

- **In der Küche** Trenne dich von Geschirr, Einzelstücken oder Kochutensilien, die du nicht verwendest. Abgelaufene Lebensmittel (die nicht mehr genießbar sind) sollten ebenfalls Kühlschrank oder Küchenschränke verlassen.
- **Im Wohnzimmer** Trenne dich von toten Pflanzen. Trenne dich von all den Magazinen und Zeitungen, die stapelweise herumliegen und die du – ganz ehrlich – auch wirklich nicht mehr lesen wirst. Verabschiede dich von alten DVDs, CDs oder Büchern. Wirf sie nicht weg, sondern spende sie oder frage im Freundeskreis, ob sie jemand haben will. Wenn es da noch eine Kabelkiste gibt, in der undefinierbare Kabel ihr armseliges Dasein fristen, dann sortiere auch diese aus.
- **Im Schlafzimmer** Trenne dich von Kissen, Laken und Bettüberzügen, die bei dir ausgedient haben. Auch diese kannst du z. B. als wohltätige Organisationen spenden, wenn sie noch in Ordnung sind. Wenn du ganz mutig bist, wirf

einen Blick unters Bett und sieh nach, was hier alles gehen kann …

- **Im Kleiderschrank** Trenne dich von Stücken, die du niemals trägst und auch ganz bestimmt niemals wieder tragen wirst. Wenn diese noch in Ordnung sind, dann schenk sie weiter und/oder bring sie zu einer Altkleidersammlung.
- **Im Badezimmer** Trenne dich von alten, längst abgelaufenen Kosmetik-Produkten, Medikamenten, Sonnencremes oder Schmink-Produkten. Auch ranzige Handtücher und der verfärbte Duschvorhang dürfen gehen und ersetzt werden.

Inneres Ausmisten

Auch in deinem Inneren kannst du „ausmisten". Zum Beispiel, indem du aufschreibst, von welchen belastenden Gedanken oder welchen unerfüllbaren Erwartungen an eine andere Person bzw. an dich selbst du dich lösen kannst. Schreibe auf einem Blatt Papier all das nieder, was gehen darf, und verbrenne das Papier anschließend – in aller Vorsicht und Achtsamkeit.

WENN DU'S EILIG HAST, MACH LANGSAM

An diesem Tag hatte der kleine Yogi viel vor. Sehr viel. So viel, dass er hastiger als sonst aufgestanden war und beim Anziehen gleich mal sein Hemd verkehrtherum anzog. Bei seiner Morgenmeditation schweifte er mehr als sonst mit den Gedanken ab, denn im Kopf war er schon bei all den Dingen, die er heute erledigen und schaffen wollte. Er frühstückte zügiger als sonst und machte etwas eiliger als üblich den Abwasch. Beim Zähneputzen legte er einen Zahn zu und verschluckte sich beim Gurgeln. Anschließend packte er all seine sieben Sachen zusammen, und kurz bevor er das Haus verließ, sagte der kleine Yogi zu sich selbst: „So, jetzt geh ich noch *schnell* auf die Toilette und dann geht's los!" Doch wie er da auf dem stillen Örtchen saß, kam ihm ein Gedanke. „Wieso wollte ich jetzt noch schnell auf die Toilette gehen? Wieso geh ich nicht langsam? Warum bin ich überhaupt heute so übereilig?" Den kleinen Yogi beschäftigte diese Überlegungen sehr. So sehr, dass er beschloss, sich nicht in all seine Erledigungen zu stürzen, sondern sich – im Gegenteil – ein bisschen Zeit für Langsamkeit zu nehmen. Und das mit einer Gehmeditation.

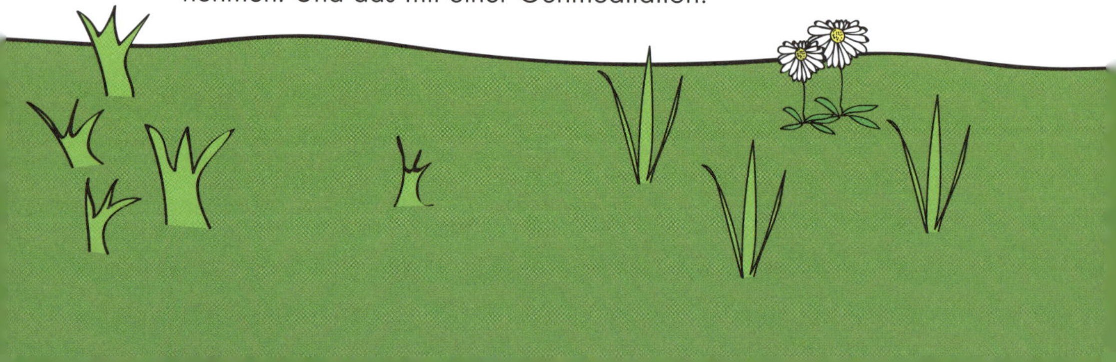

Barfuß begab sich der kleine Yogi in den Garten und stellte sich ins Gras. Er atmete tief ein und wieder aus, schloss die Augen, lächelte und begann, zeitlupenartig, bewusst und achtsam den ersten Schritt zu machen. Er spürte, wie erst die Ferse, der Mittelfuß und schließlich der Ballen Kontakt zur Wiese aufnahmen, wie sich langsam sein Gewicht vom Standbein auf das andere Bein verlagerte, wie sein Oberkörper mitging, und er nahm wahr, wie sein Atem floss. Ein und aus. Schließlich hob er das hintere Bein mit Schneckengeschwindigkeit hoch und setzte den Fuß vor den anderen, wieder wahrnehmend, wie Ferse, Mittelfuß und Ballen auf den grünen Halmen landeten. Diese Langsamkeit tat gut nach dem zügigen Tagesbeginn. Der kleine Yogi spürte, wie er immer ruhiger und tiefer atmete. Ab und an schweifte er gedanklich vom Gehen ab – wenn ihn eine vorbeifliegende Biene grüßte, wenn ihm ein neues Gänseblümchen auf dem Rasen auffiel oder wenn ihn etwas in der Nase kitzelte. Doch immer wieder kehrte er aufs Neue zum Gehen und zu seinem Atem zurück.

„Achtung, ich überhole gleich von links“, hörte er eine Stimme rufen. Eine Schnecke kam hinter ihm her geschleimt und machte tatsächlich Anstalten, den kleinen Yogi zu überholen. Er sah sie mir ihrem linken Fühler winken und dadurch ein Blinkzeichen setzen.

Der kleine Yogi kicherte: „Bitte. Bitte. Gerne. Das ist ja schön, dass ich nicht alleine unterwegs bin.“

Die Schnecke schmunzelte: „Und ich finde es geradezu ausgezeichnet, dass endlich mal jemand ein Tempo hinlegt, bei dem ich mitkomme und das ich nur empfehlen kann. Ist diese Langsamkeit nicht einfach wunderbar?“

„Da hast du recht“, bemerkte der kleine Yogi, „das ist sie. Ich habe heute morgen gemerkt, dass ich mir selbst zu schnell war, und darum habe ich beschlossen, einen Gang runterzuschalten.“

„Eine weise Entscheidung. Wenn du mich fragst: Es sind ja so viele Tiere und Menschen einfach zu schnell unterwegs. Doch mein Lebensmotto ist: Gerade, wenn du’s eilig hast, mach langsam!“

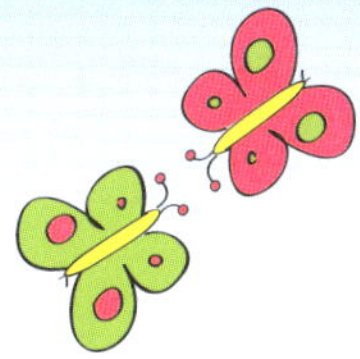

„Stimmt“, lachte der kleine Yogi und freute sich innerlich noch mehr darüber, sich Zeit für Langsamkeit genommen zu haben. „Du, sag: Willst du mich wirklich überholen oder vielleicht doch einfach ein Stück begleiten?“, fragte er die Schnecke.

„Gerne begleite ich dich“, antwortete die Schnecke, und so setzten die beiden ihre Langsamkeit vor, Schritt für Schritt und Schleim für Schleim.

Danach setzte sich der kleine Yogi zufrieden in die Wiese und dachte noch einmal an all die Dinge, die er heute machen wollte. Er beschloss, dass er nur zwei davon wirklich heute erledigen musste und verteilte im Kopf all die anderen Dinge auf den Rest der Woche. Er freute sich darauf, eins nach dem anderen machen zu können, und dachte noch einmal grinsend an das Lebensmotto der Schnecke: Wenn du's eilig hast, mach langsam!

GEHMEDITATION

Eine Gehmeditation ist eine ge(h)nialer Weg, den Geist zur Ruhe zu bringen. Meistens gehen wir im Alltag zielgerichtet: von A nach B oder von C nach D. Gehen ist für uns nur Mittel zum Zweck. Achtlos marschieren wir vor uns hin und sind dabei oft mit unserem Kopf und unseren Gedanken ganz woanders.
Bei einer Gehmeditation lenkst du deine Aufmerksamkeit auf den gegenwärtigen Moment und auf die Tätigkeiten des Gehens, des Atmens und – wenn du willst – auch Lächelns.

- Beginne am besten zu Hause mit deinen ersten meditativen Schritten. Mit der Zeit kannst du Gehmeditationen auch in der Natur oder gar im Alltagsgewusel praktizieren.
- Nimm dir einen Augenblick Zeit, bevor du losgehst. Atme tief ein und aus und bewege dich dann in aller Behutsamkeit Schritt für Schritt vorwärts.
- Das Tempo des Gehens spielt keine Rolle. Allerdings ist es sinnvoll, mit langsamem Gehen zu beginnen. Langsam gehen bedeutet allerdings nicht, zu schlurfen oder stocksteif zu werden. Geh, wie du gehst – nur langsamer. Der Zen-Meister Thich Nhat Hanh empfiehlt, dass wir aufrecht und würdevoll wie ein Kaiser oder eine Kaiserin gehen sollten. Er rät, sich vorzustellen, dass dort Blumen wachsen, wo unsere Füße die Erde berührt haben.

- Wenn möglich, geh barfuß. So spürst du deutlicher das „Geerdetsein" und die Fußmuskulatur wird es dir danken.
- Wenn während des Gehens etwas im Außen deine Aufmerksamkeit erregt, dann bleib stehen, widme dich dieser Sache und kehr dann wieder mit deiner Aufmerksamkeit zu Gehen und Atmen zurück.
- Apropos Atmen: Du kannst das Gehen auch mit dem Rhythmus deines Atems verbinden. Spüre, wie viele Schritte du beim Einatmen und beim Ausatmen setzt. Wenn du willst, experimentiere mit diesen Rhythmen und füge beispielsweise deiner Ausatmung noch einen Schritt hinzu.
- Nimm dir danach noch etwas Zeit (ca. 5 – 10 Minuten), diese Form der Meditation nachwirken zu lassen – im Stehen, Sitzen oder Liegen. Spüre nach, wie es dir damit ging und wie du dich fühlst.

SO HAB' ICH DAS NOCH NIE GESEHEN

An einem Tag, an dem das Wetter nur so nach draußen einlud, begab sich auch der kleine Yogi an die frische Luft und auf eine seiner Lieblingsspazierrouten. Von seinem Haus ging es über die Wiese, von der Wiese durch den Wald und vom Wald zu einem Platz auf einer kleinen Anhöhe, wo er so gerne saß, um die Aussicht zu genießen.

Da spürte er mit einem Mal etwas auf seiner Schulter – seinen Schmetterlingsfreund.

„So sieht man sich wieder!", lachte der kleine Yogi und begrüßte seinen flatterhaften Bekannten.

„Du sag mal, kleiner Yogi, ich würde dich gerne etwas fragen", sprach dieser.

„Nur zu", antwortete der kleine Yogi.

Der Schmetterling hob von der Schulter ab, setzte sich auf ein Knie des kleinen Yogi und sagte: „Du gehst doch soooo oft spazieren und sooooo oft nimmst du denselben Weg. Wird dir da nicht langweilig?"

Da lächelte der kleine Yogi. „Ich gehe zwar immer denselben Weg, aber der Weg ist niemals derselbe. Allein, was sich durch die Jahreszeiten verändert. Im Frühling beobachte ich, wie sattgrün die Wiese ist, wie die Bäume neue Triebe bekommen, und höre mir ganz vergnügt die fantastischen Vogelkonzerte an. Im Sommer genieße ich es, wenn ich von der sonnengewärmten Wiese den kühlen Wald betrete, der mich mit Erfrischung umarmt. Im Herbst beobachte ich, wie sich all die Blätter verfärben und zu Boden fallen, und im Winter stapfe ich erst über die schneebedeckte Wiese und komme dann in einen verschneit-stillen Wald, der heller als im Sommer ist, weil das Licht ganz anders durch die Äste fällt und ..."

„Schon gut, ganz klar. Die Jahreszeiten verändern ja wirklich viel. Aber du kommst doch fast jede Woche hier vorbei. Was soll sich denn da groß verändern?"

„Eine Menge!", kicherte der kleine Yogi. „Bei meinem letzten Ausflug fühlte sich das Gras unter meinen Füßen anders an, weil ich etwas früher aufgebrochen war und da war es noch viel weicher und frischer als am Nachmittag. Im Wald sah ich

dann, dass die Igelfamilie endlich umgezogen ist, weil sie eine größere Mulde gefunden haben. Außerdem ist es dem Buntspecht gelungen, sich ein Baumhöhle zu klopfen, woran er bei meinem letzten Spaziergang noch gearbeitet hat. Zudem roch es heute auch anders im Wald. Holziger, blättriger, moosiger."

„Toll, was dir alles auffällt! Kein Wunder, dass dir da niemals langweilig wird", bemerkte der Schmetterling und gaukelte um den kleinen Yogi.

„Oh, und außerdem gibt es da etwas, durch das mir auch niemals langweilig wird!"

Der kleine Yogi erhob sich begeistert von seinem Wiesensitzplatz, stellte sich mit dem Rücken zur Aussicht, beugte sich nach vorne und lugte zwischen seinen Beinen hindurch.

Lachend sagte er zu seinem Schmetterlingsfreund: „Wenn ich das mache, sehe ich lauter Wunder! Da wachsen die Blumen, die Grashalme und die Bäume plötzlich vom Himmel hinunter. Das Blau und die Wolken bilden einen Boden, über den ich am liebsten tanzen würde, und manchmal, wenn nach einem Gewitter die Sonne herauskommt und der Himmel einen Regenbogen zeichnet, kann ich so das bunteste Lachen sehen, das mir je untergekommen ist …" Der kleine Yogi hielt inne und musste niesen. Einer der Grashalme hatte ihn in der Nase gekitzelt.

„So habe ich das noch nie gesehen. Das will ich auch ausprobieren!", lachte der Schmetterling vergnügt, und tatsächlich gelang es ihm für eine Weile, verkehrtherum zu fliegen. Allerdings wurde das mit der Zeit sehr anstrengend für ihn, und so nahm er kurzum auf dem Po des kleinen Yogi Platz, der immer noch in der Vorwärtsbeuge stand.

„Hier habe ich auch noch nie gesessen", kicherte er, „mit dir wird es wirklich niemals langweilig!" Und da musste auch der kleine Yogi lachen. So sehr, dass er umfiel und sich kichernd und glucksend im Gras wälzte.

Vorwärtsbeuge (Uttanasana)

- Stell dich gerade hin und achte darauf, dass du dein Gewicht gleichmäßig auf beiden Fußsohlen verteilst. Dein Becken ist gerade, genauso wie dein Kopf.
- Hebe mit der nächsten Einatmung die Arme weit nach oben und strecke dich mit der Ausatmung weit nach vorne unten; bis die Hände oder die Fingerspitzen auf dem Boden ankommen. Wenn das noch nicht möglich ist, beuge deine Knie ein bisschen.
- Verweile in dieser Haltung einige Atemzüge und lass den Nacken und die Schultern dabei ganz entspannt.
- Um die Position aufzulösen, kannst du entweder kraftvoll, mit geradem Rücken nach oben kommen, oder dich sanft Wirbel für Wirbel aufrollen, bis du wieder im Stehen ankommst.
- Entspanne in der Stellung des Kindes (s. S. 15) oder in der Rückenlage.

DAS WÄRE DOCH GELACHT

Der kleine Yogi weiß, wie wichtig es ist, sich mit Menschen und Tieren zu umgeben, die einem so richtig guttun. Besser als gut. Supergut. Darum hat der kleine Yogi auch viele Freundinnen und Freunde. Kleine, große und mittelgroße. Junge, alte und mittelalte. Eine seiner größten Freundinnen ist eine Giraffe und mit dieser traf sich der kleine Yogi eines frühen Morgens. Wie so oft trug der kleine Yogi ein breites Grinsen auf dem Gesicht.

„Na, kleiner Yogi?", begrüßte ihn die Giraffe, „bist mal wieder bestens gelaunt. Wie immer!"

„Ach, ich habe heute so etwas Tolles geträumt!", lachte der kleine Yogi, „Pass auf: Ich war an einem Sandstrand, ganz allein und lief über den weichen, warmen Sand. Die Sonne schien mir angenehm warm auf den Kopf, und das Meer hat mein Lieblingslied gerauscht. Und wie ich da so gehe und dem Meer zuhöre, du, da kommt mir auf einmal ein Einhorn-Elefant entgegen und eh ich's mich versehe, sitze ich auf dessen Rücken. Er trabt mit mir los und wir reiten über den Strand, hinauf auf einen kleinen Hügel. Und dann sagt er zu mir: *Und jetzt flieg, kleiner Yogi!* Ich

stutze und sehe, dass mir Schmetterlingsflügel gewachsen sind. Also bewege ich diese, hebe ab und schwebe über das Meer, bis ich auf einer Wolke Platz nehme und darauf einschlafe und dann … dann bin ich aufgewacht!"

„Was du immer träumst!", sagte die Giraffe und schüttelte den Kopf. „Ein Einhorn-Elefant!"

„Hast du auch etwas geträumt?", fragte der kleine Yogi seine Freundin.

„Ich. Nein. Oder vielleicht schon, aber ich kann mich nicht mehr daran erinnern. Aber es gibt da etwas, wovon ich träume – zwar nicht nachts, aber tagsüber."

„Ach ja?" Der kleine Yogi sah sie neugierig an, „Was denn?"

„Ich träume von einem Lachanfall, kleiner Yogi. So einem richtig tollen Lachanfall, bei dem danach der Bauch und die Wangen schmerzen, bei dem die Tränen nur so aus den Augen schießen und bei dem du dich einfach nicht mehr halten kannst. Ich hab' nämlich schon so lange nicht mehr so gelacht."

„Wirklich?", sagte und fragte der kleine Yogi.

„Ja, leider", meinte die Giraffe, „Ich habe überhaupt das Gefühl, dass ich früher, als ich jünger war, viel mehr gelacht habe. Vor allem, als ich ein Kind war."

„Was hast du denn da gemacht?", fragte der kleine Yogi neugierig nach.

„Oh, vieles. Mir Geschichten ausgedacht, die ich alleine oder mit meinen Freundinnen nachgespielt habe. Oder wir haben uns gegenseitig Streiche gespielt. Nette Streiche. Oder wir haben uns verkleidet. Das hat mir überhaupt am meisten Spaß gemacht."
„Und als was hast du dich da verkleidet?", fragte der kleine Yogi und bevor seine Freundin antworten konnte, sagte er schnell: „Halt. Stopp. Nein, sag nichts. Ich habe eine Idee: Wir treffen uns morgen wieder. Genau hier. Und du kommst verkleidet und ich komme verkleidet. Abgemacht?"

Die Giraffe machte große Augen: „Was? Aber es ist doch nicht Fasching oder Karneval?"

„Macht nix!", rief der kleine Yogi vergnügt.

„Na … wenn du meinst", sagte die Giraffe zögerlich, und der kleine Yogi sah an ihren Augen, wie sie schon überlegte, wie sie sich verkleiden könnte.

„Aber können wir einander übermorgen sehen?", fragte sie, „Ich brauchte mindestens einen Tag zur Vorbereitung!"

„Abgemacht!", kicherte der kleine Yogi.

Zwei Tage später war es soweit: Die Giraffe und der kleine Yogi hatten sich beim Hügel mit den vielen Gänseblümchen verabredet, und als sie einander schon von Weitem sahen, kamen sie aus dem Lachen nicht heraus. Der kleine Yogi trug einen riesigen, grünen Kopfschmuck, der an die Krone einer Palme erinnerte. Diesen hatte er mit Blumen verziert und dazu hatte er seine Ohren und seine Nase mit Herzen geschmückt. Seine Giraffen-Freundin trug einen langen grauen Rüssel über dem Maul und dazu riesige Elefanten-Ohren.

„Was bist denn du?", gluckste sie, als der kleine Yogi vor ihr stand.

„Ich bin eine Blumenpalme!", lachte der kleine Yogi.

„Und die Herzen?", fragte die Giraffe lachend.

„Die habe ich noch gefunden und dachte, die passen gut. Und du, was bist denn du?", kicherte der kleine Yogi.

Die Giraffe blickte zu ihren beiden Hörnern hoch und konnte sie vor Lachen kaum mehr halten: „Ich bin ein Zweihorn-Elefant!"

Tja und dann war es um die beiden geschehen: Sie lachten und lachten. Bis ihnen die Bäuche und Wangen schmerzten und ihnen die Tränen nur so aus den Augen rannen.

HEUTE SCHON GELACHT?

Humor – was wäre unser Leben ohne ihn? Ohne diese höchst formidable Haltung, die uns zum Lächeln und Lachen bringt und uns dabei hilft, so manche Situation, den Alltag oder gar uns selbst nicht soooo ernst zu nehmen. Der Begriff *hasya* steht in Sanskrit für jene Art Freude, die sich ohne ersichtlichen Grund aus dem Inneren entwickelt und die nicht mit einer äußeren Situation oder Handlung in Verbindung steht.

„Gelotologie" heißt die Wissenschaft über die physischen und psychischen Auswirkungen des Lachens, begründet in den 1960er Jahren vom Psychiater William F. Fry an der Stanford-University. Seither wurde in zahlreichen Studien festgestellt: Lachen ist der Feind von Stress und Anspannung. Es reduziert Gefühle von Wut und Angst und wer regelmäßig lacht, sorgt dafür, dass die sogenannten Glückshormone wie Endorphine und Serotonin im Körper ausgeschüttet werden. Außerdem fördert Lachen die Verdauung, schon allein aufgrund der rhythmischen Betätigung der Bauchmuskulatur, wenn uns ein Lachanfall durchschüttelt. Zudem werden unser Immunsystem und unser Herz-Kreislauf-System gestärkt. Humor und häufiges Lachen sind also quasi Gesundheitsvorsorge pur.

Wenn du das Gefühl hast, dass es auch bei dir mal wieder höchste Zeit für ein herzliches Lachen – so richtig aus dem Bauch heraus – ist, dann nimm dir gleich heute spontan Zeit für etwas, das deine Humorfähigkeit so richtig rauskitzelt!

- Lies ein lustiges Buch oder sieh dir eine Filmkomödie an!
- Lass dich zum Beispiel von YouTube überraschen mit witzigen Videos. Da sind Katzenvideos ganz hoch im Kurs.☺
- Triff dich mit einem Menschen, der dir Leichtigkeit schenkt.
- Setz dir eine Clownsnase auf, blick in den Spiegel und warte darauf, wie sich dein Mund automatisch zu einem Lachen verzieht.
- Forme für 60 Sekunden ein Lächeln – ganz egal, ob du dafür einen Grund hast, oder nicht. Unser Gehirn produziert die Glückshormone nämlich so oder so, auch wenn wir „gezwungen" lachen, und: Unsere Atmung vertieft sich ganz automatisch.
- Gerade in angespannten Situationen, vor dem Schlafengehen oder gleich nach dem Aufstehen ist diese Übung sehr zu empfehlen.

WENIGER GRÜBELN,
MEHR NACHFRAGEN

„Laaaaasssseee! Huuuhuuuu!“, rief der kleine Yogi vergnügt, als seinen Freund Lasse, das Rentier, schon von Weitem sah. Die beiden waren zum Schlittenfahren verabredet. Lasse stand neben seinem Schneegefährt, winkte dem kleinen Yogi zu und wirkte etwas gedankenverloren.

„Na? Bereit zum Sausen und Brausen?“, fragte der kleine Yogi und brachte vorfreudig seinen Schlitten bereits in die richtige Startposition.

„Ja. Sicher. Klar“, gab das Rentiert von sich, doch die Art und Weise, wie er das sagte, gab dem kleinen Yogi das Gefühl, dass Lasse irgendetwas zu beschäftigen schien.

Darum fragte er: „Ist was?“

„Nein. Nein. Alles gut. Nicht der Rede wert.“ Das Rentier schüttelte den Kopf, winkte ab und so begaben sich die beiden auf ihre Schlitten.

Sie sausten einmal, dreimal, fünfmal den Berg hinunter, lachten, kicherten und lieferten sich selbstverständlich auch eine Schneeballschlacht. Lasse schien nun wieder bester Laune zu sein und überredete den kleinen Yogi zu einer letzten Abfahrt.

Danach waren die beiden völlig aus der Puste, und so schlug der kleine Yogi vor, dass es nun genau die richtige Zeit für einen heißen Kakao wäre. Er zückte eine Thermoskanne und zwei Tassen aus seinem Rucksack.

„Du denkst an alles!", meinte Lasse fröhlich und zog seinerseits grinsend eine Packung Kekse aus seiner Tasche.

„Wunderbar! Du auch!", freute sich der kleine Yogi und kurzum saßen die zwei auf ihren Schlitten, schlürften Kakao und mampften Kekse.

„Du, kleiner Yogi, da ist doch was …", meinte Lasse plötzlich und wischte sich dabei ein paar Kekskrümel von seinem Brustfell.

„Ich bin ganz Ohr", murmelte der kleine Yogi, der gerade den Mund voll hatte und wandte sich seinem Freund voller Aufmerksamkeit zu.

„Heute, auf dem Weg hierher, bin ich deinem Nachbarn von gegenüber begegnet. Du weißt doch, dem mit der Katze."

„Ja, weiß ich. Herrn Freund."

„Genau. Herrn Freund. Na jedenfalls ging dieser an mir vorbei und sah mich alles andere als freundlich an. Ganz im Gegenteil. Richtig finster guckte er drein. Und … naja … also ich bin sicher, der hat was gegen mich. Weißt du vielleicht, was?"

Der kleine Yogi stutzte und hätte sich fast an einem der Kekse verschluckt. „Herr Freund? Aber was sollte der denn gegen dich haben, Lasse?", fragte er verwundert.

Lasse zuckte mit seinen Rentierschultern. „Tja. Eben. Das weiß ich doch auch nicht. Du, aber ich sage dir, der sah aus wie mindestens zehn Tage Regenwetter und blickte mich total griesgrämig und mürrisch an … so …", und dabei verzog Lasse das Gesicht. So ein schlecht gelauntes Rentiergesicht hatte der kleine Yogi noch nie gesehen. Er versuchte seinen Freund zu beruhigen. „Du, ich kann mir beim besten Willen nicht vorstellen, dass Herr Freund etwas gegen dich haben sollte. Das hat bestimmt nichts mit dir zu tun. Glaube mir, Lasse."

Lasse hingegen schien nicht überzeugt. „Habe ich irgendwann mal etwas gesagt oder getan, was ihn gestört haben könnte? Irgendwas? Vielleicht … vielleicht …", da machte Lasse große Augen und es stieß aus ihm hervor: „Ich weiß es! Vor ein paar Tagen war ich doch bei dir und da habe ich ihn im Augenwinkel hinter seinem Zaun gesehen und nicht gegrüßt, weil ich dachte, er sieht mich sowieso nicht. Das hat ihn bestimmt gekränkt und darum mag er mich nicht mehr! Das wird es sein. Oder mag der generell keine Rentiere? Umgekehrt: Wer hat etwas gegen Rentiere? Oder: Er ist eifersüchtig! Auf mein Geweih. Hätte auch gerne eines, geht aber nicht und …"

Lasse vertiefte sich immer mehr ins Grübeln, bis der kleine Yogi ihm tief in die Augen sah und meinte: „Lasse, ich sag dir jetzt mal was: Diese Grübelei bringt GAR NICHTS! Sprich doch Herrn Freund einfach darauf an, wenn du ihn das nächste Mal triffst, und frag ihn direkt, warum er da so mürrisch geguckt hat, bevor du dir jetzt noch mehr deinen hübschen Rentierkopf zerbrichst."

Lasse schnaubte und seufzte: „Du hast recht. Das mach ich!“ Er wischte sich weitere Kekskrümel vom Maul und forderte den kleinen Yogi zu einer letzten Schlittenabfahrt auf, bevor sie sich auf den Heimweg machten.

Drei Tage später klingelte das Telefon vom kleinen Yogi. Es war Lasse, der ganz aufgeregt in den Hörer rief: „Bauchweh! Herr Freund hatte an dem Tag Bauchweh und darum hat er so finster geguckt! Es hatte wirklich nichts mit mir zu tun!“

„Das freut mich zu hören. Sehr!“, sprach der kleine Yogi.

Nachzufragen – das war wieder einmal besser gewesen als zu viel zu grübeln.

SCHLUSS MIT FALSCHEN SCHLÜSSEN

Unsere Vorstellungskraft kann so einiges. Sie kann uns beflügeln, bereichern und dazu führen, dass wir uns wunderbare Dinge ausmalen. Abgesehen davon gibt es uns Menschen Sicherheit, wenn wir Sachverhalte verstehen und für uns erklären können. Gleichzeitig kann das allerdings auch dazu führen, dass wir zu viel hineininterpretieren – in Aussagen, in E-Mails, in Untertöne oder einfach nur in Gesichtsausdrücke.

Dann werden unsere Annahmen ganz schnell zu gefühlter „Realität", jegliche Interpretation zur „Wirklichkeit". Wir ziehen voreilige Schlüsse und Missverständnisse sind vorprogrammiert.

Durch simples – und vor allem vorwurfsfreies – Nachfragen können hier viel Leid, Kommunikationsschwierigkeiten oder Probleme vermieden werden.

Wenn du das nächste Mal merkst, dass dein Kopf durchgeht wie Lasses Kopf in der Geschichte, dann habe den Mut, Fragen zu stellen und auszudrücken, was dich beschäftigt.

WÜNSCHEZEIT

UND DANKBARKEIT

Es gibt diese eine Nacht im Jahr, auf die sich der kleine Yogi schon lange, lange im Voraus freut: Die Sommernacht, in der man besonders viele Sternschnuppen sehen kann, und diese zelebriert der kleine Yogi auf ganz besondere Art und Weise …

Mit vielen Glücksgefühlen im Bauch stiefelt er kurz nach Sonnenuntergang los und begibt sich zu Fuß und in gemütlicher Geschwindigkeit auf einen seiner Lieblingshügel, um den Sternen noch ein bisschen näher zu sein und umgeben von Mama Natur das abendliche Himmelsschauspiel zu genießen.

Mit Rucksack und Schlafsack auf dem Rücken und mit einer Taschenlampe in der Hand wandert der kleine Yogi durch die zunehmende Dunkelheit immer höher, höher und höher hinauf, bis er zu der alten Bank kommt, in deren Nähe er auf der weichsten Wiesenstelle sorgfältig seinen Schlafsack ausrollt. Anschließend macht er es sich auf der Bank so richtig gemütlich und blickt beinahe andächtig nach oben, nach oben in den Himmel und in

das beeindruckende Glanzgewimmel. Jedes Mal, wenn der kleine Yogi die Sterne betrachtet, überzieht ihn eine Gänsehaut und eine Ruhe, die er mit Worten gar nicht beschreiben könnte. „Wie unendlich weit, wie riesengroß doch unser Universum ist!“, denkt er und staunt mit offenem Mund und noch offeneren Augen über all die funkelnden Punkte. Er begrüßt den großen Wagen und den kleinen Wagen – die beiden Sternbilder erkennt er zuerst. Dann winkt er der Milchstraße, der Venus, Orion, Cassiopeia und macht sich daraufhin einen Spaß daraus, beim Betrachten der einzelnen Gestirne neue Namen dafür zu erfinden. So erkennt er den kleinen Biber. Die große Yogamatte. Das lustige Einhorn. Die fröhliche Tänzerin. Und natürlich auch den nach unten schauenden Hund.

Und schließlich ist es soweit: Da ist sie! Die erste Sternschnuppe!

„Juuuuchuuuu!“, ruft der kleine Yogi, schließt die Augen und denkt an seinen ersten Wunsch: „Ich wünsche mir, dass es Mama Erde gut geht und dass es uns gelingt, gut und immer besser auf sie aufzupassen.“

Bei der nächsten Sternschnuppe jubelt er kleine Yogi wieder, schließt erneut die Augen und äußerst diesmal keinen Wunsch, sondern denkt fest an all seine Freundinnen und Freunde und spricht dabei laut aus: „Ich bin dankbar für all die Menschen und Tiere, Pflanzen und Wesen, die mich in meinem Leben begleiten, mich unterstützen und mit denen ich so viel Wunderbares teilen kann!"

Er lächelt bei dem Gedanken von Ohr zu Ohr, öffnet die Augen und da zieht schon ein nächster Lichtstreifen über den Himmel.

Juchzend kneift der kleine Yogi die Augen zu und äußerst diesmal wieder einen Wunsch: „Ich wünsche der Welt und mir Gesundheit und viel Glück!"

Er öffnet die Augen und bereits zwei Atemzüge später darf sich der kleine Yogi schon über die nächste Sternschnuppe freuen, von der er sich zu Dankbarkeit einladen lässt. „Ich bin dankbar dafür,

dass ich heute diese Nacht erleben darf!", ruft er glücklich und hebt dabei seine Arme nach oben.

So geht es Sternschnuppe für Sternschnuppe. Immer abwechselnd äußert der kleine Yogi einen Wunsch und etwas, wofür er Dankbarkeit empfindet. Er wünscht der Eule, die in seinem Garten wohnt, dass sie weniger Schmerzen hat. Er dankt für das frische Trinkwasser, das aus seinem Wasserhahn kommt. Er wünscht den Kindern dieser Welt das Allerbeste. Er dankt für sein Herz, das immerzu schlägt. Er wünscht allen, die gerade durch eine schwere Zeit gehen, dass es ihnen bald wieder besser gehe. Er dankt für seinen Garten und all das, was er ihm schenkt. Und der kleine Yogi wünscht und dankt und dankt und wünscht und bald erfüllt ihn ein Glücksgefühl, für das er keine Worte, jedoch ein Lächeln und wohlige Wärme in seinem Brustkorb hat.

Schließlich merkt der kleine Yogi, dass sich die Müdigkeit in seinem Körper ausbreitet, und kuschelt sich zufrieden in seinen Schlafsack. Er wünscht all den Sternbildern eine gute Nacht, dankt dem Himmel für das Schauspiel und schläft schließlich zufrieden ein – erfüllt von genussvoller Wünschezeit und sehr erfüllender Dankbarkeit.

WÜNSCHE- UND DANKBARKEITSTAGEBUCH

Wünsche und das, wovon wir träumen, sind genauso wie die Dankbarkeit ein wichtiger Schlüssel zum Glück. Schreibe dir für drei Wochen mindestens drei Wünsche und drei Dinge, für die du dankbar bist, in ein Notizbuch oder Tagebuch. So behältst du das, was du dir für dein Leben wünschst, oder auch wichtige Ziele und Vorhaben im Blick und im Herzen, genauso wie all das, was du bereits hast.

Übrigens: Vom kleinen Yogi gibt es sogar ein eigenes Kleiner-Yogi-Dankbarkeits-Tagebuch ☺.

DIE AUTORIN

Lena Raubaum wurde 1984 in Wien geboren, wo sie – nach einigen Auslandsaufenthalten – auch heute noch lebt und arbeitet. Als Autorin schreibt sie für Menschen jedes Alters, veröffentlichte schon zahlreiche Bücher und arbeitet als Redakteurin für yogazeit.at. Außerdem ist sie als Sprecherin, Yogalehrerin und Leiterin von Schreib- bzw. Lesewerkstätten tätig.
www.lenaraubaum.com

DIE KÜNSTLERIN

Barbara Liera Schauer zeichnete bereits im Kindesalter begeistert Karikaturen. 2009 fand sie darin ihre Berufung und es entstand u. a. die Kultfigur DER KLEINE YOGI. Mittlerweile erfreut dieser sich – gemeinsam mit der KLEINEN YOGINI – allein auf Facebook über eine Fangemeinde von mehr als 150 000 Fans. Sie ist diplomierte Entspannungstrainerin mit Schwerpunkt auf Yoga und seit 2009 Illustratorin, Autorin und Unternehmerin. Bei Königsfurt-Urania erschienen bereits mehrere Bücher und Kartensets, u. a. *Glücksbotschaften, Herzbotschaften* und *Yoga für Klein und Groß*. Sie lebt in Österreich.
www.derkleineyogi.at

Außerdem bei Königsfurt-Urania erschienen

Der kleine Yogi ermuntert dich, jeden Abend aufzuschreiben, wofür du an dem Tag Dankbarkeit empfindest. Denn wenn wir für all das Gute und Schöne im Leben, auch für die kleinen Dinge, dankbar und wertschätzend sind, werden wir nachweislich glücklicher, zufriedener und erfüllter. Dafür findest du in diesem Buch für drei Wochen kleine Anregungen und Ideen, auch mal an scheinbar Selbstverständliches zu denken, und auch Platz, einfach kreativ zu schreiben. Zusätzliche Impulse und praktische Übungen verstärken dein Glücksgefühl im Alltag.

Der kleine Yogi – Dankbarkeitstagebuch
Schauer, Barbara
Hardcover, 80 Seiten, farbig
ISBN 978-3-86826-194-3

KÖNIGSFURT URANIA

www.koenigsfurt-urania.com

Außerdem bei Königsfurt-Urania erschienen

Der kleine Yogi – Glücksbotschaften
Schauer, Barbara
978-3-86826-176-9

Der kleine Yogi – Herzbotschaften
Schauer, Barbara
978-3-86826-188-2

Die große Welt des KLEINEN YOGI

Yoga für Klein und Groß
Schauer, B. / Nausch, G.
978-3-86826-124-0

Yoga-Karten
Schauer, B. / Nausch, G.
42503751-0211-3

Achtsam durch das Jahr mit dem kleinen Yogi
Schauer, Barbara
42503751-0250-2

KÖNIGSFURT URANIA
www.koenigsfurt-urania.com